La belle maguelonne.

¶ Ey commence listoyre du vaillant chevalier pierre filz du conte de prouence et de la belle maguelone fille du roy de naples

A nom de nostre seigneur Jhesuchrist Cy commen
ce listoyre du vaillant chevalier pierre filz du con
te de prouence et de la belle maguelonne fille du
roy de naples ordonnee en cestuy languaige a lon
neur de dieu de la vierge marie & de monseigneur
sainct pierre de maguelonne duquel lesditz pierre et mague
lonne ont este premiers fondateurs Et fut mis en cestuy lan
guaige lan mil. CCCC.liiii. en la maniere qui sensuyt

Apres lascencion de nostre seigneur Jhesucrist
quant la saincte foy catholique commeça de regner
es parties de gaule qui maintenant est appellee fran
ce et au pays de prouence. de languedoc. et de guienne Il y avoit
lors en prouence ung noble conte nomme messire Jehan de cerise
et avoit a femme la fille du conte aluaro dalbara Et le conte
et la comtesse navoyent sinon ung filz chevalier qui se nomoit
pierre lequel estoyt tant excellant en armez et en toutes cho
ses que merueilles. et sembloit plus chose divine que humaine.
Cestuy chevalier estoit doulx et amiable et ayme. non pas
seulement des nobles mais de toutes gens de son pays et lou
oyent dieu de ce quil leur avoit donne si noble seigneur. et le pere et
la mere navoyent aultre plaisance que on leur filz pierre qui
estoit tant vaillant tant bel et tant saige.

Comment ung jour les nobles barons et chevaliers du
pais par le comandement du conte firent ung tournoyement.

Les barons et chevaliers du pais firent ung
tournoyment duquel ledit pierre eut le pris Non
obstant que Il y eust plusieurs vaillans & nobles
chevaliers de diverses contrees. lesquelz le conte
festoya pour lamour de son filz. et disoyent que au monde navoit
le pareil de pierre Et parloyent en la court du conte les ungz
auecques les aultres de plusieurs choses chescun en son endroit
et par especial ung de eeulx conta lexcellente ec la grande beaul
te de maguelonne la fille du roy de naples et pour lamour de el
le y vont pour faire Joustes beaucop de bons chevaliers.

Ung jour ung chevalier dit a pierre. Vous deus
siez cercher le monde et vous monstrer et assayer vo
stre force et sans faulte si vous mentroyes vous

a ij

ꝛes ſcoir le monde et conquesteres lamour de quelque belle da-
me.car ſous nen ꝑourries ſinoȝ que mieulꝑ ꝑaloir. Et quant
le noble pierre eut entendu parler le cheualier et auſſi auoit ouy
parler de la merueilleuſe beaulte de maguelonne: Il diſꝑoſa eȝ
ſoȝ noble couraige et entendement que ſil pourroit auoir congie
et licence de ſoȝ pere et de ſa mere quil yroit comme cheualier er
rant par le monde. Et apres aulcuns Jours quant la court
fut partie: pierre ſi eſtoyt moult penſif eȝ ſon couraige dentre
prendre ſoȝ ꝗoyage et comme Jl pourroit auoir licence de ſoȝ
pere et de ſa mere qui de ſoȝ ꝗouloir ne ſcauoyent riens. Et vng
Jour ſe trouua apoint auecques ſon pere et ſa mere qui eſtoyent
tous ſeulȝ aſſis. Et aloꝛs pierre ſe miſt agenoulꝑ deuant eulꝑ
et leur dit. Monseigneur moȝ pere et madame ma mere Je
ꝗous ſupplie tant humblement comme Je puis quil ꝗous ꝗieȝ
gne a plaiſir de eſcouter les parolles de ꝗoſtre humble filȝ . Je
ꝗoys et cognoys que ꝗous mauez nourri Juſqȝ Jcy eȝ grant
honneur et nobleſſe.car ꝗous auez faict aſſes grant deſpenſe eȝ
ꝗoſtre hoſtel poͮ ur lamour de moy ſans ꝑoint eꝑaulcer moȝ ꝑus

et valeur comme font les aultres princes. Pourquoy Je voul∕
droye bien se Il estoit de vostre bon plaisir aller veoir et cercher le
monde et aussi me semble q̃ ce seroit vostre honneur et mon pro∕
fit. Et pource mon trescher pere et ma trescher mere treshum∕
blement Je vous prie que de vostre grace et benignite me vueil∕
les donner congie et licence. Quãt le conte et la contesse ouyrẽt
les paroles et la volente de leur filz Ilz furent moult dolens.
Et lors dist le conte. pierre beau filz vous scaues que nous na∕
uons nul aultre heritier ne successeur. si non vous et si nau ons
aultre esperance quen vous et sil aduenoit par aulcuñ cas aul∕
cuñ contraire a vostre personne q̃ Ja dieu ne plaise nostre conte
et seigneurie seroit perdue. Et la contesse luy dit. cher filz vous
nauez nul besoing daller cercher le monde. car ceulx qui y sont
y vont pour conquester honneur et la mour des princez et eulx a∕
troistre en biens. Et vous auez tant de biens et honneur en ar∕
mez. en cheualerie. en noblesse. en doulceur. et en beaulte q̃ prin∕
ce de ce monde et par tout auez bonne renommee par vostre vail∕
lance et aussi auez la mercy dieu belle cheuance et noble seigneu∕
rie pourquoy auez vous enuie de auoir autres biens. Donecq̃s
mon filz pour quelle cause vous en voules vous aler et nous
laisser. Monseigneur vostre pere et moy qui sõmes Ja anciens.
Et ne auons nul plaisir en ce monde si non en vous ne aultre
cõsolacion et sil ny auoit aultre raison que ceste: sy deues vous
laisser vostre vouloir. Pource mon filz Je vous supplie tant
amiablemẽt comme Je puis et que mere peut faire a son enfant
de vostre allee ne parles plus. Et quant pierre entendit la
volente de son pere et de sa mere Il fut esbahy et courrouce et de
rechief humblement les yeulx baissa en terre et dist. Je suis
celluy qui desire faire vostre commandement. Toutesfois sil
estoit vostre plaisir de moy faire tant de grace de moy donner
congie vous me feries le plus grant plaisir que Jamais vous
scauries faire. Car vng homme Jeune ne peut que mieulx va∕
loir de veoir le monde. pourquoy encores vous prie que de ceste
alee vous en soyes contens.

¶ Comment le conte et la contesse donnerent congie a pierre
leur filz daler veoir le monde.

E conte et la cõtesse voyant le bon propos de pierre
ne scauoyent que luy dire ou de luy refuser ou oc-
troyer. et ce pẽdãt pierre estoit tousiours a genoulx
deuãt eulx attendãt la responce de son pere et de sa mere. et quãt
il vit que ilz ne luy respondoyent riens en rostes leur dist. Tres
cher et redoubte seigneur et pere sil plaist a vostre benignite oc-
troyes moy ce que ie vous demande. Et adoncques le conte si
luy respondit Pierre puis que vous auez tant grant voulente
et que aulcunement est necessaire que vous voyes le monde
vostre mere et moy vous donnons congie et licence. mais ad-
uises bien que vous ne faciez chose malfaicte ne contraire a
noblesse et veuilles tousiours aymer dieu et seruir sur tout et
vous gardes bien de mauluaise compaignie et reuenes le plus
tost que vous pourres et aussi prenes de lor et de largent ce quil
vous fera mestier et harnoys et cheuaulx. Et quant pierre vit
son pere et sa mere qui luy auoyent donne congie il les remercia
treshumblement et sa mere le tira a part et luy donna troys an-
neaulx dor tresbeaulx et riches lesquelz valoyent vng tresgrant

tresor et pierre humblement la remercia et apresta tout son faict et print des gentilz hommes et varlies pour luy seruir et print congie de son pere et de sa mere lesquelz le enortoyent fort dal ler et estre tousiours en bonne compaignie et de laisser la mauluaise et aussi que tousiours luy souuiengne de u.p. Et puis pierre sen partit le plus secretement quil peut et cheuaucha tant par ses Journees quil arriua en la cite de naples ou faisoit la demeurace le noble roy magnelon la royne et leur belle fille maguelonne et sen alla loger en vne place laquelle est encores a present appellee la place des princes. et quant Il fut logie Il comenca enquerir des coustumes du roy semblablement des cheualiers du pays et demanda a son hoste sil y auoit nulz cheualiers estrangez et de saueur en leur cite. Et son hoste luy dist quil ny auoit gueres de temps quil estoyt venu vng cheualier nouuel ou ql le roy de naples faisoyt bien grant honneur pour sa grande prouesse et vaillance. et se nommoyt ledict cheualier messire henry de trapana et q pour lamour de luy le roy sy auoit mande les Joustes au dimanche apres ensuyuant. et adoncques pierre luy demanda se les cheualiers estranges estoyent receuz en la Jouste. et son hoste luy respondit que ouy tres voulentiers. Mais que Ilz feussent fourniz et bien empoint au champ.

¶ Comment pierre vint sur les champs pour faire faictz darmez et se mist au plus humble lieu qui fust comme celluy qui estoyt hors de son pays et contree.

Le dimanche ensuiuant pierre qui auoit grant desir de veoir la belle maguelone se leua bien matin et ala ouyr messe et ses cheuaulx furent bien pensees et auoit apreste tous les abillemens de luy et des cheuaulx et en lonneur du prince des apostres saint pierre duquel Il portoit le nom et y auoit sa fiance. et pource portoit Il en son tiltre deux clefz dargent lesquelles estoyent merueilleusement riches et auoyent este bien composees subtillement et aussi semblablement estoyent tous ses habillemens de luy et de ses cheuaulx garnis et tous couuers de clefz en lonneur dudit saint pierre. Et quant Il fut leure que lon se monstroyt au champ et que le roy eut disne et Ja Il estoyt a son eschaffault. et la royne et la belle maguelonne auecques plusieurs aultres dames et damoiselles. pierre

a.iiii.

auecques son varlet et ung paige sans aultre compaignie sen vint et sen alla loutte au plus humble lieu comme celluy q̃ estoit estrangier et nauoit nulle cognoissance qui le presentast et mist en auant. Quant vint leure que le heraulx crya que sil y auoit aulcuns chuagliers qui pour lamour des dames vueille faire Joustes quil se presente au champ. Et lors vint Messire henry de crapana et se mist au champ a lencōtre duquel issit ung des chẽualiers du roy. Et messire henry le frappa sy royœment sur la haulte piece quil le renuersa sur les hanches de son cheual et rompit sa lance: et la lance du cheualier tumba entre les Jā̃bes du cheual de messire henry tant que le chẽual tumba aterre. Pourquoy les amis dudict cheualier disoyent que messire henry estoit tumbe de bonne Jouste. de quoy ledict messire henry fut courrouce et ne voulut plus Jouster Apres derechief le heraulx cria de par le roy que sil y auoit ung aultre cheualier q̃l se mist au champ. Et quant pierre ouyt le commandement du roy Il se mist au champ alencontre de celluy qui disoyt quil auoit abatu messire henry. Et le noble pierre qui estoyt courrouce du tour que le cheualier tenoit a messire henry comme cheualier fort et hardy en armez: de sy grant force frappa le cheualier q̃ le cheualier cheut par terre pourquoy les assistans furent tous esbahiz du coup q̃ le noble pierre auoyt donne. Et le roy dit q̃ celluy cheualier estrāge estoyt de grāt proesse et de grant vertu: si voulut scauoir de q̃l pays Il estoit et luy enuoya son heraulx Et pierre luy respondit: tous dires au roy quil ne luy desplaise de scauoir mon nom. car Jay fait veu de ne le dire a personne viuant. mais dictes luy que Je suis ung poure cheualier de france qui cerche le monde comme cheualier erant pour voir les belles dames et damoiselles: et cōquester honneur et pris. Et quāt le roy eut ouy la response Il dit quil estoyt courtoys et noble de ce quil ne vouloyt dire son nom et luy partoyt dung grant couraige et apres tournerent a la Jouste et a brief parler tant fit pierre q̃ tous les cheualiers de la cite et estrāges abatit a terre et tant que le roy et ung chescun sy disoyet quilz auoyent bien grāt desir sauoir sa cognoissāce: et nauoyet veu mieulx faire ne sy bien cōme auoyt fait pierre ne mieulx porter sa lāce. Et ma guelonne parloit auec les dames et disoyt q̃ tel estoit le cheua

lier et ses armes et bien vaillāmēt se portoyt. Et ainsi partie
pierre du champ auecques le pris. Et messire henry et les aul
tres lacompaignerent. Et dicelle heure messire henry eut grāt
amour aueceās pierre et tousiours estoyent cōme cōpaignons.
¶Comment plusieurs Ioustes furent faictes de par le roy a
la requeste de la belle maguelonne.

Plusieurs Ioustes et tournoyemens sit faire le roy
on la requeste de la belle maguelonne que lon prisoyt
fort pour le plaisir quelle auoyt heu au cheualier
des clefz et des vaillans faictz que tousiours faisoit. Et voyāt
le roy que ce ieune cheualier estoyt tant habille et vaillant de
son corps et de noble cōdicion et courtoys disoyt a ses gens.
Sans faulte cestuy cheualier doit estre dung grāt lignaige.
Car bien le monstrent ses manieres et est digne dauoir plus
donneur que nous ne luy faisons. Espiez sous aultres et fait
tes espier se vous pourres sauoir dont Il est et de quelz gens.
¶Comment le roy alla conuoyer pierre a disner auecques
luy en son palays.

Et vng Jour pour luy faire honneur le roy le alla cõ
uier a difner auecques luy en fon palais dequoy pi
erre fut moult Joyeulx.car Il nauoit pas bien troues
de maguelonne a fon gre et plaifir. Et le roy et la royne eftãs
a table pour monftrer plus grant figne damour a pierre le fi
rent affeoir deuant leur fille maguelonne. Auquel difner fu
rent bien feruis deftranges Biandes. Mais du tout ne chaloit
a pierre. car de tout fon cueur Il regardoyt la finguliere beaulte
de maguelonne qui eftoyt affife a table deuant luy et y repaffoit
fes yeulx et fon cueur dont Il eftoyt ardant et enflambé tant
que ceftoyt merueilles et difoyt en foymefmes que au monde
ne pourzoyt eftre Bne auffy belle dame que maguelonne fi doul
ce fi gracieufe ne qui foyt de fy belle contenance: et que bien heu
reulx feroyt lomme qui feroyt en fa grace. mais Il le reputoit
a luy dixont eftre Impoffible. Maguelonne refrengnant fon
couraige et fa contenãce: aulcunefifoys regardoyt pierre moult
doulcement: et ne penfoyt pas moins de pierre quil faifoit delle.
Et alors quant Ilz eurent treftous difne on fe print a faire

plusieurs beaulx esbatemens parmy la sale. Et le roy se mist
a solacer auecques la royne et donna licence a maguelonne de
aler solacer auec q̃ les chualiers. Et lors maguelõne appel
la moult doulcemẽt pierre q̃ ne osoit approucher delle & lui dist
Noble chualier mõseigneur mon pere le roy a tresgrãt plaisir
de voz vaillances et aussi ont tous ceulx de ceans pour les tres
grantes et merueilleuses vertus et noblesses qui sont en vous
Pourquoy ne venes vous souuent esbastre ceans. car le roy et
la royne y prennent grant plaisir et aussi faiz Je et toutes les
aultres Jeunes dames et damoyselles. Et quant pierre ouyt
ainsy parler maguelõne Il dist. Madame Il ne me souffist pas
tant seullement remercier le roy et la royne mais aussi vous q̃
tant donneur me faictes qui suis homme de tant petit et bas
estat et que nay merite non pas tant seulement destre ou nom-
bre des moindres seruiteurs de vostre hostel. toutesfoys tres-
haulte et trespuissante dame Je vous remercie tant comme Je
puis et vostre seigneurie et en moy obligant a tousioursmais
destre le vostre humble suiteur et chualier q̃ que Je soye. et ma
guelonne dist Vaillant chualier Je vous remercie et vous reti-
ens mon chualier. et sur ces paroles la royne sen entra en sa
chambre et fut force que maguelonne se partist de pierre. non-
obstant quil luy greuast bien toutesfoys maguelonne dit a pi-
erre. Noble chualier Je vous prie q̃ ceans venez souuent vous
esbastre. car Jay grant talant et desir de parler de vj paroles en
secret auecques vous des armes et vaillances qui se font en
vostre pays et me desplaist que Je nay loysir de parler a vous lon
guement. et en prenant congie elle le regarda tant doulcement
dont fut naure plus que deuant. et ainsy sen entra la royne et
maguelonne en sa chambre auecques ses aultres dames. Et
demoura le roy auecques les aultres seigneurs et leur fist grãt
honneur et grant feste especialement a pierre et moult doulce-
ment luy demanda son nom et dont Il estoyt et riens nen peut
scauoir sinon quil estoyt vng poure chualier du pais de fran-
ce et aloit cerchant aduentures par le pays pour conquester
honneur et pris. dont le roy le tint pour saige et de gentil esperit
de ce quil ne vouloit dire son nom a personne. et ne sen voulut
plus auant enquerir. Car Il veoit et cognoissoit bien que ce ne

ſtoyt pas ſa voulente et pource le roy partit dilecques pour aller repoſer. Et pierre humblement print congie du roy et de aultres ſeigneurs et cheualiers qui la eſtoyent et puis ſen retourna en ſon logis.

¶ Comment pierre commenca a penſer a la ſouueraine beaulte de maguelonne quant Il fut en ſon logis.

Et quant pierre ſy fut retourne en ſon logis et fut en ſon ſecret Il commenca a penſer en la ſouueraine et haulte beaulte nobleſſe honneur et gracieuſete de maguelonne. Et ſur tout de tant doulx et amiables regars quelle luy auoit faitz tellement que dilecques en auant ne pouuoit auoir plaiſir ne repos. Et quant maguelonne fut en ſon lit commenca a penſer a la beaulte et vaillance de ceſtuy Jeune cheualier et eut grant plaiſir de ſcauoir de quelz gens Il eſtoyt et ſa condition. car Il ſembloit a ſes manieres quil fuſt de grant lignaige et ſe par aduenture Il eſtoit de grant lignaige et noble quelle le vouloroit mieulx aymer que perſonne du monde puis quelle ſcauoit que Il eſtoit venu pour lamour delle. Et auſſy regardāt maguelonne quelle ne pourroit riens faire sans conffort et ayde de personne. Elle pensa q̄lle le diroit a sa nourrisse. Et ung Jour la tira apart en sa chambre et luy dit ma chere nourrisse vous me auez tousiours aymee e mōstré signe d'amour par quoy nay tant de fiāce en personne cōme Jay en vous pour quoy Je vous diray mais Je vous prie que vous le tenez secret et me donnes le meilleur conseil que vous pourres. Et lors la nourrisse luy dit: Maguelonne ma chere fille croyes q̄ au monde ne me scaures demāder que Je ne face et deusse Je mourir, pour quoy dictes moy vostre couraige hardimēt et ne doubtes riens Et maguelonne lors dit. Jay si fort mis mon cueur en ce Jeune chualier qui gaigna deuant hier les Jouftes et l'ayme tant que Je ne puis boire ne mēger ne dormir. Se Je estoye bien asseuree q̄l fust de noble lignaige Jen feroye mon seigneur et mon amy. et pource Je desire a scauoir son lignaige et aussi sa condicion. Et quāt la nourrisse eut ouy le propos et voulēté de maguelonne: elle fut esbaye et luy dist. ma chere fille et dame que dictez vous. Vous scaues bien que vous estes de tant grant noblesse que le plus grant seigneur du monde seroit content de vous auoir. et vous mettes vostre cueur en cestuy Jeune chualier qui est estrangier et si ne scaues quil est. et par auenture ne vouldroit de vous sinon vostre deshonneur et vostre honte et puis vous laisseroit. Je vous supplie ma chere dame quil vous plaise de oster de vostre cueur celle memoire. Car si vostre pere le scauoit trop seroit folle et dangereuse vostre amour. Ayez ung peu de paciēce. car si dieu plaist ne serez gueres de temps que vostre pere ne vous marie haultement a vostre honneur et plaisir. Et quant maguelonne dit que sa nourrisse ne vouloit point consentir a son p'aisir: se commenca fort a donner tristesse a la q̄lle nul cueur en sa Jeunesse ne peut resister. Et amour l'auoit si fort surprise quelle ne auoit puissance en soy et dist. Ha ma chere nourrisse est ce l'amour que vous auez en moy de vouloir que Je meure si pourement et que Je finisse ainsi ma vie miserablement par faulte de secours. Helas la medicine si est pres de moy Je ne vous enuoye pas si loing ne ayes paour de moy ne de mon pere ne de ma mere ne de personne du monde et sy vous m'aymes faictes ce que Je vous commande ou si non vous me verres morir en peu de temps de douleur et de peine. Et en ce disant elle cheut pasmee sur ung lit. et quant elle fut reuenue dist. scaiches nourrisse que Il est de grant noblesse et de grant lignaige aduises ses condicions le demonstrent et pource Il ne veult dire son nom a personne et croy fermement que se vous luy demandes son nom: Il le vous dira. Et lors la nourrisse voyant et regardant le mal que maguelonne par force damours souffroit: et la reconfortoit en disant: Maguelonne puis que cest vostre voulete et plaisir: Je mettray peine de parler auecques le cheualier de par vous.

¶ Comment la nourrisse alla a pierre a leglise pour parler a luy de par la belle maguelonne.

Apres ce la nourrisse feit tant qlle trouua pierre a le glise tout seul q disoit ses heures et la nourrisse en tra en la chapelle ou Il estoit et feit semblant de adourer et quant elle eut adoure pierre: luy feit honneur. car Il la cognoissoit pource q Il auoit veue souuentesfois en la compaignie de maguelonne et elle luy dist en ceste maniere

Seigneur cheualier Jay grand merueille de vous quant si secret vostre estat et vostre seigneurie vous tenez. Car Je scay bien que le roy et la royne madame maguelonne prendroyẽt grand plaisir a scauoir de quelz gens vous estes et surtout madame la belle maguelonne et se vous men voules aulcune chose declarer Je luy feray a scauoir/Je scay bien quelle vous en scaura bon gre. car elle le desire fort Et quant pierre ouyt ainsi parler la dame Jl fut fort pensif. Touteffois Jl cognoissoit bien/ que lignage venoit de par maguelonne et dit. ma chere dame Je vous remercie de ce quil vous vient a plaisir de parler auecques moy et remercie aussi tous ceulx que vous dictes qui ont desir de scauoir mon nom et especiallement la belle maguelonne a la quelle sil vous plaist dires que Je me recõmãde a elle et quil ne luy desplaise. car depuis que Je suis hors de mon pays & de ma terre ne lay dit a persõne viuãt Touteffoys pource quelle est la creature de ce monde a laquelle Je veuil plus de bien et luy seruir et obeir Dictes luy puis que ainsi elle desire de scauoir mon nom et qui Je suis que mon parente est moult grand et noble/ & quelle soit comtete de cecy. et a vous dame Je prie quil vous plaise de prendre de moy de mes petites bagues pour lamour de ma dame maguelõne. car a elle Je ne loseroye presenter et de le prendre me feroit tresgrãd plaisir. si luy bailla vng de ses anneaulx riche et de grant valeur Et la dame luy dit. cheualier pour lamour de vous Je se presenteray a la belle maguelõne et luy diray tout ce que auez dit. et ainsi departirent lung de laultre

Et partant de pierre la nourrisse Joyeusement pour ce quelle auoit parle a luy a son plaisir: disoit en soy mesmes que vray estoit ce que maguelonne disoit et que le cheualier deuoit estre de quelque grant lignaige. car Jl estoit plein de tout honneur et de toute sagesse. et en tel penser sen vint Jusques a la belle maguelonne laquelle latendoit de moult bon cueur et dune tresgrant affection Et elle luy compta tout le parlement qlle auoit eu auec le cheualier et luy presenta lannel Quãt maguelonne ouyt la doulce responce du cheualier et la beaulte et richesse de lannel dist a sa nourrisse Chiere nourrisse ne vous auoye Je pas bien dit qldeuoit estre de haulte noblesse et certes mon cueur le me disoit bien. pensez vous ma chere nourrisse que cestuy annel soit de pouure homme seurement Je vous dis que ma fortune est ceste cy et ne peut estre aultrement. car Je vueil cestuy et le desire et ayme Jamays aultre Je naimay. car mon cueur et mon entendement a este a luy depuis que Je lay veu la premiere foys. et cognoys q̃ pour moy Il est Jcy venu et puis quil est de grant parente et de noble lieu et Je suis bien seure q̃l est Jcy venu pour lamour de moy et q̃l est le meilleur et le plus beau cheualier de ce monde. ne seroye Je pas bien cruelle se Je ne laimoye. quant puisse Je mourir a do leur que Je le mette en oubly ne se le laisse pour ung autre. pourquoy ma chiere nourrisse vous prie q̃ vous luy faictes assauoir ma volẽte et me donner en cecy se vous voyez le meilleur cõseil q̃ vous pourrez et pour alleger aucunement ma douleur Je vous pry que vous me laisses lannel. car Je prens grant plaisir a le veoir et tenir. Quãt la nourrisse ouyt ainsi parler maguelonne qui vouloit descouurir si tost son couraige fut moult doulente et luy dit. Ma noble dame et fille et mon tresdoulx cueur Je vous prie que vous ne mettes point tant cestuy propos en vostre cueur. car deshonneste chose seroit q̃ tant noble fille et de haulte lignee comme vous estes habãdõnast si tost samour a ung hõme estrãgier. Quãt maguelone ouyt sa nourrisse elle nen peut plus endurer mais luy dist. ne le nõmez plus estrangier. car au monde Je nay plus chere personne que luy ne iamais hõme ne me postera de ce propos pourquoy vous prie que iamais ne me vueilles dire semblables paroles si vous voules mon amour et ma grace. Et lors la nourrisse regardãt sa volente ne luy voulut plus cõtredire mais luy dist. ma chere dame Je ne le dis pas sinon pour vostre bon neur. car les choses qui sont faictes desbordonnees par voulente hastiue ne sont pas a lonneur de ceulx qui les font ne prisees de ceulx qui les entendent Je loue bien que vous laymes car Il en est bien digne mais que vous le faciez honnourable ment comme se doit faire et ne doubtez. car Je vous donneray le meilleur conseil et aide que Je pourray et ay bonne esperance en dieu q̃ y trouueray bon remede. Et quãt maguelonne ouyt ainsi parler saigement sa nourrisse elle se apaisa ung petit et et puis luy dit. Matreschere nourrisse Je feray ce que me conseillerez. celle nuyt bien dormit maguelonne en son lit avecques lannel lequel souventesfois baisoit par grant amour mettant souvant son cueur en peine de voulp souspirs a pierre son desire amy Jacques bien pres du Jour et en Icelle pensee sendormit. et quant elle fut endormie elle songa ung tel songe qil luy sembloit q elle et pierre estoyēt soulets en ung Jardin. et elle disoit a pierre Je vous prie sur lamour que avez a moy que me dyez de quel pays vous estes ⁊ de quelz gens car Je vous ayme sur tous les hommes du monde. et pource Je vouldroye bien savoir qui est le chevalier qui a mamour ne de quel lieu Jl est. et luy sēbloit que pierre luy respondit ainsi Noble dame Jl nest pas encores heure que Je le vous dye et vous prie qil vous plaise le supporter et de nen riens savoir quant a present car vous le saurez en brief. et puis que pierre luy donnoit ung bel annel plus riche que nestoit lautre que sa nourrisse luy avoit apporte Et ainsi estoit dormāt la belle maguelonne en grāt plaisir Jusques ad ce qil fut Jour. et quant elle sesueilla elle compta a sa nourrisse tout son songe laquelle cōgneut que celle fille avoit mis tout son cueur en ce Jeune chevalier et toute sa pensee. et pource elle la cōforta en doulces parolles le mieulp qlle peut

¶ Comment ung Jour pierre trouua la nourrisse en leglise et se tira devers elle pour luy dire aucune chose en secret

Ung Jour fit tant pierre quil trouua la nourrisse de maguelonne a leglise et vouloit parler a elle en secret Et la nourrisse se tira devers luy et luy dit comment maguelonne avoit pris grant plaisir en son annel et len remercioit. madame dit pierre Je le vous avoye donne car ce nestoit chose denue que si petit don se transmist a si haulte dame comme madame maguelonne. non obstant que tout ce que Jay mon corps et mes biens sont a elle. Sachez madame q sa Jucōparable beaulte ma si fort poigt au cueur q Je ne le puis plus celer. et pource est force que Je vous dye mon cas car si elle na mercy de moy pour vray au monde na plus maleureup chevalier que moy Madame Je vous dy premierement mon couraige car Je scay et congnois que vous estes aymee de madame maguelonne et sil vous plaist de vostre bonte et honeur luy faire as

b i

sauoir de par moy Je vous en vouldroye supplier treshumble
ment cōbien que ne vous laye deseruy. Et lors la dame dit au
cheualier. Je vous remercie de bon cueur et feray de vous bon ra
port a madame maguelonne. Aufort Je ne sçay point en quel
le maniere vous entendes ceste amour. car se vous lentendes
folle amour et deshōnneste nen parles plus. Adonc pierre dit.
Dame deuant puisse Je mourir de mauluaise mort que Je pense
en ceste amour aucunemēt mauluaistie ne villennie. mais en
bonne honneste vertueuse et loyalle amour Je vouldroye seruir
sa noble Jeunesse. Et la nourisse luy dit. noble cheualier Je
vous prometz de luy faire asçauoir vostre voulente, mais puis
que vous la voules aymer de si noble cueur et sans villennie:
pourquoy ne voules vous q̄ elle sçaiche de vostre lignaige. Et
par aduenture pourries estre de tel lieu que de vous et delle se
feroit le mariaige au plaisir de dieu. Car elle vous ayme de
bonne voulente et vous songe en dormant et quāt nous sommes
en nostre secret elle ne parle que de vous. Madame dit pierre
puis que vous dictes ces parolles qui sont tant Joyeuses:sil

vous plaist tant feres pour moy que Je puisse parler a madame maguelonne. Je luy diroye mon lignaige et mon pays. et croy quelle ne men prisera pas moins. mais Jamays a aultre ne le diray sinon a elle tantseullement. Adonc luy dit la dame. Je luy diray et sy luy plaist Je feray tant que vous parleres auec elle. Madame dist pierre Je vous remercie et sil vous plaist luy presenteres ce petit annel de par moy et sil luy pliist de le prendre Je le tiendray a vng singulier plaisir. car Il me semble que laultre annel nest pas tel comme a elle apartient et vous plaise de moy recommander a sa bonne grace. La dame dist au cheualier. pour lamour de vous pource quil me semble que vous auez noble cueur Je luy presenteray de par vous et feray vostre recommandation et auffy que vous parleres auecques elle. Lors dist pierre Je vous remercie.

¶ Comment la nourrisse retourna devers maguelonne.

Durant dilecques la nourrisse elle sen alla en la chābre de maguelōne q̄ estoyt malade par force damours

dessus son lit.car elle ne pouoit auoir repos et quant elle vit sa
nourrisse elle se leua et dit. ma treschere nourrisse vous soyes
la tresbien venue Helas me aportez vous nouuelles de celluy q̄
Je ayme tant. certes ma chere nourrisse se vous ne me dōnes aul
cun confort que Je le voye et que Je parle auecques luy Je mour
ray. Lors luy dist sa nourrisse. Ma noble dame et chere fille
Je vous donneray tel cōseil que vous en seres Joyeuse et se dieu
plaist cognoistres que Je vous ayme. Et lors maguelonne
saillit hors de son lit a terre et acolla et baisa sa nourrisse en
disant: ma chere nourrisse dictes moy ces nouuelles. et la nour
risse luy dit comment pierre est venu devers elle et luy a deman
de de maguelonne tant quil luy a declare son couraige et com
ment Il est tant amoureup delle quil en meurt. et croyes toul
ce fille que se vous auez point de douleur ne peine pour luy quil
en a autant pour vous et sur tout lamour de quoy Il vous ayme
est bonne et loyale et compuise en noblesse et honnestete dont Je
suis bien Joyeuse. et scachiez ma noble fille que Jamais cheua
lier de sa Jeunesse ne parla sy saigemēt quil fait et sans faulte
Il est de grans gens et le faict est tel quil desire sur toutes cho
ses du monde de parler a vous en secret et Il vous dira son cas
et son lignaige et fera tout ce que vous vouldres. et se recommā
de a vous en vous priant de luy assigner ung Jour ou Il vous
puisse dire son couraige. car Il ne le dira a aultre Et vous sup
plie quil vous plaise de prendre cestuy annel et de le garder pour
lamour de luy. Et quant maguelonne ouyt les doulces parolles
de sa nourrisse et vit ce bel annel plus bel q̄ le premier: de Joye sa
couleur deuint rouge et dist a sa nourrisse. Scachiez chere nour
risse q̄ cestuy est lānel q̄ Je songoye laultre nuyt. car le cueur ne
me dit riens q̄ ne mauiēgne. et croyez sās nulle faulte q̄ cestuy
sera mon amy et mon mary et sans luy Je ne puis auoir plaisir
ne Joye sy vous prie q̄ aduisons la meilleur maniere que nous
pourrōs. car sans faulte Je ne sculp plus tarder que Je ne parle
auecqs luy. et pource chere nourrisse trouuez maniere q̄ le puisse
veoir a mon plaisir. car Jay esperance par vostre moyen de venir
a la fin de mon desir si vous pmes q̄ ny perdres riēs. et la nour
risse luy pmit q̄lle feroit en tout diligēce. et par ainsi demoura

maguelonne tout celluy Jour et celle nuyt en plus grant plaisir quelle nauoyt deuant. et regardoit ses aneulx et en son cueur mettoit pierre puis les mettoit en ses doiz et passoit le temps.

¶ Comment la nourrisse mist peine de trouuer pierre qui estoit en la chappelle ou Il lauoit trouue aultresfoys.

Et quant Bint lendemain la nourrisse mist peine de trouuer pierre lequel estoit en la chappelle ou Il auoit aultresfoys parle a elle lequel eut grãt plaisir quãt Il la Bit. car bien se pensoit que quelques nouuelles Il auroit de maguelonne. et se leua a lencõtre et la salua courtoisement et elle luy respondit. Dieu Bous doint ce que Bostre cueur desire. Apres pierre luy demanda que faisoit maguelonne et sil estoit en sa grace. et la nourrisse respondit. noble et trescher cheualier trop es que au monde cheualier qui onques portast armes ne fust plus eureux: et fut bonne leure que Benistes en ceste terre. car par Bostre prouesse et Beaulte Bous auez gaigne la plus belle

B iii

dame du monde dont jamais ne vous aduinst sy grant bien et
auez conqueste sa grace et sa amour. et elle vous remercie de vostre
amuel et se porte pour lamour de vous et sy vous desire bien a
veoir et de parler auecques vous et suis bien contente que vous
parlez auecques elle a vostre plaisir. Toutesfoys vous me pro
mettez comme noble cheualier par la foy et serment que auez
fait en cheualerie que en vostre amour naura sinon tout hon-
neur comme apartient a noblesse de sy haulte estat comme vous
dictes que vous estes. Lors le noble pierre comme plain de no
blesse mist les genoulx a terre deuant la croix en disant ma
dame Je vous iure Icy deuant dieu que mon Intencion est pure
et honneste et aussy ne desire aultre chose sinon au plaisir de dieu
que Je puisse tenir a lamour de la belle maguelonne et au saint
sacrement de mariage solennize en sainte eglise ou dieu ne me
doint jamais bien ne honneur en cestuy monde. Et lors la da
me le leua par sa main et luy dit: certes noble cheualier vous a-
uez fait tel sacrement quon vous en doit croire et scachez que
Icelle voulente diray a la belle maguelonne et prie a dieu par
sa grace quil vous plaise paruenir a vostre bon et honorable pro
pos et sil est a son plaisir Je puis bien dire que au monde ne se
trouuera plus belle ne plus noble couple que vous deux. et pour
ce noble cheualier venez demain a leure de dormir apres disner
par la petite porte du Jardin de maguelonne et viendrez en sa
chambre laquelle sans faulte sera vuide de toutes gens sinon
delle et de moy. et ores Je vous feray place affin que vous puissiez
parler a vostre aise: dont pierre la mercia. Et quant la nourrisse
eut compte a maguelonne la conclusion quelle auoyt faicte auec
pierre: maguelonne en fut bien Joyeuse et remercia la nourrisse
et attendoit cestuy quelle aymoyt tant.

¶ Comment pierre vint pour parler a la belle maguelonne par
la porte du Jardin.

LE lendemain a leure assignee que le noble pierre ne
auoyt pas oublie: Il trouua la porte ouuerte ainsy
comme la nourrisse luy auoyt dit: sy entra en la cham
bre de maguelonne en grant affection de cueur, et sa nourrisse

estoyt seulement auecques elle. Et quant maguelonne le vit toute sa couleur luy mua et se changea côme couleur de roses et se vouloit leuer et laser baiser et embrasser. car amours la contraignoyent. Toutesfoys raison qui doit gouuerner tout noble cueur luy remontra son honneur et sa dignite ou elle estoyt dont elle refreignit son couraige vng peu et sa contenâce nonobstât que ses tresbeaulx yeulx et sa belle face ne pouoyent celier lamour quelle auoit a pierre et le cueur luy tressailloyt ou ventre moult doulcement. Maguelonne ayant en soy deux ymaginations regardoyt trespiteusement son noble amy pierre. Et le noble cheualier pierre ne changea pas moins couleur quant Il vit lincôparable beaulte de maguelonne et ne sçauoyêt en quelle maniere commencer a parler. car Il ne sçauoit sil estoyt en luir ou en la terre. car ainsy fait amours a ses subgetz. Toutesfoys Il mist son genoul a terre comme tout honteux et dist en ceste maniere. Tresexcellête et haulte dame dieu vous doint honneur Joye et plaisir. Et maguelonne Incontinent se leua et

B iiii

le print par la main et luy dit. Gentil cheualier vous soyes le tresbien venu.si le fist asseoir au plus pres delle. Et tantost la nourrisse les laissa et sen alla en vne aultre chambre Et lors la belle maguelonne luy dist. Noble cheualier Jay grant plaisir que vous estes icy venu.car grant desir auoye de parler a vous et combien quil ne soit chose deue que vne jeune fille voire parler a vng homme seul tant priueement comme Je fais: toutesfoys la haulte noblesse que Jay veue en vous me asseure et me donne hardiesse de le faire.et sachez noble cheualier que de vle premier Jour que Je vous veis mon cueur vous voulut bien.car tant de biens quil doit auoir en homme noble vous les auez. pour quoy gentil seigneur dites moy vostre Intencion condition et lignaige ¶ Certes Je vous veulx plus de bien que Je ne fais a homme du monde. Pourquoy Jay grant desir de sauoir q̃ vous estes ne de quelz gens et pourquoy vous venistes en ce pays. Et pierre se leua lors sur piedz et dit. Ha noble dame et excellente Je remercie a vostre haulte seigneurie treshumblement que de vostre doulceur et bonte Je ay merite sauoir vostre grace sans nul bien ne vertu q̃ soient en moy.et est raison haulte dame que vous sachez mon lignaige et aussi pourquoy Je suis venu en ce pays toutesfoys Je prie a vostre haulte seigneurie que ne le vueilles reueler a personne du monde. car celluy a este mon promis quant Je partis de mon pays.ne depuis ne lay dit a personne du monde. Madame plaise vous de sauoir que Je suis vng seul filz du conte de prouence et suis le nepueu du roy de france. et men suis party de mon pere et de ma mere seulement pour vostre amour. car Je auoye ouy dire q̃ vous esties la plus belle princesse du monde comme Il est vray et encores plus que nul ne pourroit penser et suis Icy venu en petite compaignie ou sont plusieurs nobles cheualiers.princeps et aultres plus vaillans que moy et ont fait merueilles en faictz darmes pour lamour de vous dont mestoye mis au cueur que moy qui ne estoye pas de sy grant valeur ne de sy grande prouesse comme Ilz estoient se Je pourroye Jamais paruenir sauoir vostre bonne grace et ce est noble dame la verite des choses que vous maues demandees et plaise sauoir a vostre gentillesse que Jamais mon

cueur aultre que vous naimera Jusques a la mort. Et lors ma
guelonne le print et le fist asseoir empres elle et luy dist. Mon
noble frere et seigneur de ceste plaisante et noble Journee Je loue
dieu mon createur. car Jesuis la plus eureuse que Jamais fut
sauoir trouue vng sy tresnoble cheualier non pareil de prouesse
de franchise et de sagesse Et adoncques puis que ainsi est que
nous sommes amoureux lung de laultre. et aussi mon tresno-
ble seigneur que vous estes seulement parti de vostre pais pour
mon amour. et sy auez mieulx fait que tous les aultres che-
ualliers que Jay veu et auez le nom de cheualerie sur tous Je
men doie bien tenir eureuse. car pour moy auez tant pris de pei-
ne. Pourquoy gentil et noble seigneur ce nest pas raison que
vous perdez la peine qua uez sy loyallemēt craigniee et puis que
vous me declarez vostre couraige. raison est que Je vous declai-
re le mien pourquoy veez cy la toute vostre maguelonne et vous
faitz maistre de mon cueur en vous priant humblement que le
vueilles garder secretement et honnestement Jusques a nostre
mariage et soyes seur pour ma part que plus tost soufferay
mort que mon cueur consentist a aultre mariage. Et de faict
print vne cheine dor et vng petit fermail qlle portoit en son col
et le mist au col de son amy pierre disant. Par ceste cheine mon
tel amy et espoux Je vous metz en possession de mon corps en
vous promettāt loyallemēt cōme fille de roy que Jamais aultre
ne laura que vous. et la colla doulcement. Et pierre mist vng ge
noul a terre et dist. Ma noble dame et la plus belle du mon-
de Je ne suis pas digne de vous mercier mais tout ainsy que
vous auez dit Je suis contēt et sy me plaist. Et vous promectz
que loyallement acompliray vostre commandement sil plaist
a Jhesus et sil plaist a vostre doulceur vous prendres de vostre
loyal espoux pour lamour de moy comme celluy qui veult offrir
cestuy annel en memoire de moy. Cestuy annel estoyt le tiers
que luy auoit donne sa mere lequel estoyt plus bel et plus riche
que les aultres deux. Et la doulce maguelonne le print voulen-
tiers et de bon cueur et le tourne de rechief baiser et acoller. et
sur ce point appella la belle maguelonne sa nourrisse. Et quant
Ilz eurent asses parle ensemble elle et pierre entreprindrent

en quelle maniere Ilz pourroyent veoir lung laultre.puis pierre sen retourna en son logis plus Joyeulx quil ne souloit. Et ainsi maguelonne demoura auecques sa nourrisse en sa chambre sans faire semblant a aultre personne de son faict.

¶ Coment maguelōne parloit a sa nourrisse de son amy pierre

Et alors dit maguelōne a sa nourrisse. que vous semble ma chere nourrisse de mon leal amy pierre duquel Je vous prie q men dictes la verite. certes dist la nourrisse madame Il est tant bel et vaillāt doulx et amiable en toutes ses manieres quil me semble quil deuroit estre de quelque grant lignaige. Lors dit maguelonne a sa nourrisse Je vous auoye tousiours bien dit que mon cueur le sentoit bien dont Je me tiens et suis contente. car dieu de sa grace ma fait venir a sa cognoissance et amour.car au mōde na sy haulte fille se elle sçauoit seulemēt la moitie des biens q̄ sont en luy elle ne le voulsit auoir pour amy.dit la nourrisse.Dame tout ce q̄ vous dictes est vray:mais

Je vous prie une chose ce est q̃ par force de grãt amour vous ne soyes legere que quant vous seres a la court auecques les aultres dames et que pierre d auenture y soyt ne luy faictes point semblant. car par aduenture vostre pere et vostre mere le cognoistroyent bien pourquoy sen pourroit ensuyure deux dãgers. Le premier sy est que vous en series vergonnee et perdries lamour de vostre pere et de vostre mere. Et le second que se silz sen prenoyẽt garde: vous series cause de faire mourir ce noble cheualier seul vous ayme mieulx q̃ soy mesmes, et puis moy. Je seroye la plus pugnie. pourquoy vous supplie que vueillez saigement cõtenir comme a noble fille apartient. Certes ma chere nourrisse dit maguelonne en cecy et en tous mes faictz me veulx gouuerner par vostre conseil. car Je cognois q̃ me conseilles mon bien et bonneur. et vous prie que se vous me voyes faire ou dire aulcune chose de shonneste que vous men aduises par signe ou aultremẽt. car Je vous veulx obeir cõme a ma chere nourisse et mere mais Je vous prie d une chose: q̃ quãt nous serons vous et moy seulletez que Je aye la licence d abandõner ma langue et de parler de mon douly amy pierre et auecq̃s cest: grace Je passeray mon temps le mieulx que pssible me sera Jusques ad ce que vous voyons la fyn de ceste aduenture et aussy vous prie que se me faictes veoir et parleray a luy souuet. car Je nay aultre Joye en ce monde: et se par fortune aduenoyt aulcun cas q̃ Ja a dieu ne plaise que Jl eust pour moy ou que Jl luy aduint q̃lque grãt mal ou dõmaige: scachez ma chere nourrisse que moy de ma propre main me osteroye la vie.

Et quant pierre fut en sa maison retraict: commença a penser en soymesmes la beaulte et aduenture qui luy estoyt aduenue et louoyt dieu de tout et disoyt q̃ Jamais dieu ne donna sy belle aduenture a cheualier comme a luy en soy esmerueillant de la souueraine beaulte de maguelõne par quoy plus souuent alla a la court quil nauoyt acoustume nonbstant quil se gouuernoit aussi saigement comme Jeune personne au monde pourroit ne scauroit faire auecques le roy et par tout. Et tellement q̃ pour la grant doulceur et graciousete de luy trestous lamoyẽt de mieulx en mieulx non pas seulemẽt

es grans mais auffy les petis. Et quant Il veoit quil pouoit
fans danger faouler fon cueur commencoit a regarder la belle
maguelonne et le faifoit faigement et de bon cueur tresbien et
fecrettement. et quant Il auoit mandement daller parler auecqs
elle Il y aloit et ainfy paffoyent le temps eulx deulx lung auec lautre
¶ Coment meffire ferrier de la couronne partit de rome pour venir
a naples faire plufieurs Jouftes pour lamour de maguelonne.

EN celluy temps au pays de rommenie auoit vng
noble cheualier lequel eftoyt moult riche et moult puif
fant tant en auoir comme en armes et aultres cho
fes. Et pour fa trefgrant noble valeur et cheualerie eftoyt moult
fort prife et aymee et fe nommoit meffire ferrier de la couronne.
Ceftuy cheualier aymoit par amour la belle maguelonne et si
neftoyt pas ayme delle. Et vng jour quil fe fioit en fa force
Il alla propofer en fon cueur de faire aulcunes Jouftes en la cite
de naples pour monftrer fa force et prouesse affin que Il peuft mi
eulx conquefter la grace et lamour de la belle maguelonne.

et sur ce en fist requeste et supplication au roy maguelon, lequel luy octroya tresuoulentiers et de bon cueur ce que requis luy auoit. Et de rechief fit crier par tout le royaulme de france et pays denuiron que tous nobles cheualiers et seigneurs pour lamour des dames qui vouldroyent faire tournoyemens ou aulcuns esbatemens fussent tous prés et appareillez le Jour de nostre dame de septembre en la cité de naples et Illecques se pourroit monstrer qui bien feroit pour lamour delles et qui auroyt vaillant cueur. Pourquoy plusieurs nobles cheualiers, princeps, et barons et aultres notables gens qui pour lamour des dames vouloyent faire Joustes tournoyemens et plusieurs aultres esbatemens pour lamour delles vindrent a naples. desquelz en nomerons Icy apres par nom et par surnom les plus principaulx et ceulx qui firent le plus de vaillancez et dabilletez. et apresent nen parleray plus auant, car quil vouldroit nommer tous ceulx qui firent vaillances pour lamour delles trop seroit long a racompter. Et premierement y vint Anthoyne frere du duc de sauoye. Et le second fut Ferrier frere du marquis de montferrant, et Edouart frere du duc de bourbon et pierre nepueu du roy de boeme. henry filz du roy dangleterre et Jacques frere du conte de prouence et oncle du vaillant cheualier pierre Nonobstant que son oncle ne le peut oncques cognoistre a celle foys en la feste sinon par ymagination. En la cité de naples estoyt le noble pierre de prouence et son compaignon quil aymoyt ainsy chierement comme luy mesme qui se nommoyt messire henry de crapana lequel estoyt vaillant cheualier en faictz darmes et aussy estoyt assez souffisant pour gouuerner tout ung pays paisiblement, car cestoyt ung homme dune moult grant entreprise pour bien venir about de tout ce quil se vouloit mesler et pourtant laymoit le noble pierre comme luy mesmes Ferrier de la couronne Jehan de mommor nepueu de leuesque de sedane et plusieurs aultres notables cheualiers qui pour le present ne se pourroyent nommer. Et demourerent tous par lespace de six Jours a naples deuant le Jour qui leur estoyt assigne tous prés. Et en nulles hystoyres en quelque liure que lon puisse lire ne se trouue point que Jamais en la cite de naples se trouuast tant de nobles cheualiers come a ceste foys: lesqlz le noble et bon roy maguelon festoya grandement. ¶ Quant vint le Jour de nostre dame bien matin que tous les cheualiers eurent ouy messe et furent appareillez au champ de la cheualerie nomme cathoyne ou estoyt le roy en son eschaffault et les aultres seigneurs auecqs luy. et en ung aultre eschaffault estoyt la royne: sa fille et les aultres dames. et la estoyt grant plaisir de veoir les belles dames: mais entre les aultres maguelonne sembloit vne vue estoyt elle du ciel qui se sieue au point du Jour. car sa beaulte trespassoit toutes les aultres. et tous les cheualiers estans appareillez: le roy comanda quilz fissent les monstres. Et le premier qui fist sa monstre fut Ferrier de la courone pour lequel on auoit mande la Jouste. Le premier apres fut Anthoyne de sauoye et tous les aultres aps par leur tour. Et la belle maguelonne auoit tousiours loeil sur son amy pierre qui demeura des derniers. Quāt les mostres furent faictes le roy fist crier par son herault que les Joustes fussent bonnes et gracieuses & de bonne amour sans Jniurier lung laultre. et que chescun fist du mieulx quil pourroit des la en auant. car Jl donnoit licece. Et ferrier de la couronne dist tout hault que on loupt. Je vueil en ce Jour monstrer ma force et m.x prouesse pour lamour de la belle et noble maguelonne. et puis se mist le premier au champ alencontre de henry dangleterre q estoyt beau cheualier. et se frapperent tellemant que chescun rompit sa lance. touteffoys se henry neust eu secours Jl fust tumbe a terre et fust vng peu estourdy du coup. Apres celluy henry vint a lancelot de valoys qui abatit de la premiere venue ferrier. et contre lequel saillit le noble pierre de prouence. car le cueur de luy ne pouoit plus actendre et lappelloyent tous: le cheualier des clefz. car Jlz ne scauoyet aultremēt son nom ne son lignaige. et se frapperent de telle force que les deux cheualiers tumberent par terre. et fut dit par le roy et tous les aultres cheualiers que grant puissance estoyt en les deux cheualiers sy comanda quilz changassent de cheuaulx sils vouloyent et quilz tournassent a la Jouste sils vouloyent affin quon vist qui auroit lonneur. lesquelz Jncontinent furent montez a cheuaul

Il ne fault pas demander se alors maguelonne de piteulx cueur prioit a nostreseigneur quil luy gardast son doulx amy pierre de mal et luy donnast honneur en celle Journee. Quant les chiualiers furent tournes au champ la seconde foys ou quel de si roy ent auoir honneur. Ilz se frapperent de tel rencontre que pierre rompit le bras a lancelot et le mist par terre de si grant coup que le roy et tous cuidoyent quil fust mort. Et les gens lemporterent en son logis. Apres vint a lencontre de pierre anthoine de sauoye qui nestoyt pas de si grant force que lancelot et legierement alla par terre. Et apres vint messire Jacques de prouence oncle de pierre et pierre le cogneut bien mais Il ne le cogneut pas. Et quant pierre vit que son oncle frere de son pere sappareilloit pour venir alencontre de luy dist au herault. Dictes a celluy chiualier quil ne viengne pas. car Il ma fait aultresfoys plaisir en armez et est ung chiualier a qui Je suis tenu grandement et ne luy vouldroye pas faire desplaisir et q̃ Je luy prie que la Jouste de luy et de moy cesse et Je suis content de confesser deuant le roy et deuant les dames quil est meilleur chiualier et plus vaillant que moy. Quant le chiualier lentendit et ouyt Il en fut moult courroucé car Il estoit son chiualier et auoit fait pierre chiualier en armez de sa main et pour ces de uy raisons pierre luy portoit honneur. dictes au chiualier dist messire Jacques que quel qͥl soit se Je luy ay fait plaisir Jamais ne honneur que Je luy quicte de ceste heure et sil ne fait encontre moy son deuoir Je le reputeray chiualier de petite vertu. Quant pierre eut ouy la responce de son oncle Il fut fort courroucé et luy greua fort de Jouster contre son oncle. Et pierre sen vint en signe de chiualier encontre son oncle mais affin que nul ne se apperceust en riens Il se mist a la Jouste et quant vint a lapproucher pierre portoit sa lance en trauers et ne vouloit nullement frapper son oncle. Et son oncle le frappa en la poictrine et rompit sa lance et tumba sur les arsons de son chiual sans ce q̃ pierre bougeast comme se vne plume leust frappe et le roy cogneut bien qͥl le faisoit par courtoisie et ne scauoit pas pourquoy mais maguelonne scauoit bien pourquoy pierre faisoit cela. Le secõd coup qͥlz tournerẽt a la Jouste pierre fit ne plus ne moins cõme Il auoit fait le p̃mier

coup et son oncle le frappa tellement que de son coup Il tumba
a terre sans ce que pierre bougast le pied de lestrieu. pourquoy
tous se tenoyent a vne grande merueille.et quant ledit messire
Jacques eut veu et bien considere en luy que ce cheualier estoit
de si grande force que seullement ne sauoit peu bouger et quil ne
sauoit point voulu frapper Il en estoit tout esbahy et ne voulut
plus retourner a la Jouste. ne Jamais Il neust pense que le che-
ualier fust pierre son nepueu. Apres messire Jacques vint
edouart de Bourbon vaillant et fort cheualier. mais du premi-
er coup pierre le mist luy et son cheual par terre et tellement
quilz disoyent tous que pierre deuoit estre de grant noblesse
car Il estoit vaillant et courtois en tous ses faitz Et puis
apres se bouta au champ ferrier de monferrant et rompit sur
pierre sa lance. et pierre le frappa tellement quil luy emporta
son gardebras de lespaule senestre et labatit a terre Et pour le
faire brief tous les cheualiers qui estoyent demourez furent a-
batuz de par le cheualier des clefz et luy demoura lonneur du
champ Et alors pierre leua son heaulme et sen vint devant le
roy Et Illecques le roy par le conseil de ses barons fit crier par son
herault q le cheualier des clefz auoit le pris et honeur du champ
et quil auoit trop mieulx fait pour lamour des dames q tous
les autres. dequoy la royne et sa belle fille maguelonne et les
autres dames et damoiselles len remercierent grandement
et ainsi chun sen ala desarmer. mais le roy fit crier que chas-
cun vint disner a la court. et le roy les mercia et festoya gran-
dement Et quant pierre fut venu et eut fait la reuerance au roy
le roy sen ala courant devers luy et lembrassa et luy dit Mon
cher amy pierre Je vous remercie de lonneur que mauez fait au-
iourduy. Je puis bien dire qil nya auiourduy prince duc con-
te ne roy au monde q en sa court aye meilleur cheualier ne plus
courtois que Jay en vous et nest Ja besoing que Je vous loue
car voz oeuures mesmes le tesmoignent et tous les nobles che-
ualiers et princes qui sont en ceste compaignie. Je prie a dieu
de paradis quil vous doint paruenir a ce que vostre cueur de-
sire en acroissement de biens et donneur car vrayement vous en
estes digne. Grandement honnoura le roy en ce Jour pierre et si
firent tous les autres seigneurs car chascun qui se pouuoyt

tenir pour solatier auecques luy estoyt bien Joyeux et grande-
ment content de luy. car ainsy ne se pouuoyent souler de le regar
der tant estoyt bel. car Il estoit bien fourni et hault de tous ses
membres et sa cher estoyt blance comme lis et les yeulx vers
et amoureux ses cheueulx roux comme fin or. Pourquoy disoy-
ent tous que dieu y auoit bien mis ses vertus. Et tous les aul-
tres hommes prenoyent grant plaisir en celluy Jeune cheualier
car Il estoit habile et humble et bonne estoit la mere qui auoit
porte tant noble fruict. ¶ Cependant le roy noubslia pas quil
ne mandast querir tantost ses medecins et les meilleurs quil
eust pour medecin er lancelot qui estoit blesse merueilleusement
et les medecins auecques laide de nostre seigneur mirent telle
diligence que en peu de temps fut guery et sain. Quinze Jours
tint le roy court ouuerte pour lonneur des princeps qui estoyent
venus et parloyent grandement de la vaillantise de pierre. adonc
quant maguelonne entendit telles paroles de son amy pierre el
le en estoit bien aise et sans en faire nul semblant.

¶ Cõment les princeps retournerēt courroussiez pource qlz ne
scauoyēt qui estoyt le cheualier q ainsy vaillamēt sestoit porte

FInies les Joustes chescun des cheualiers et princeps
et barons retournerent en leur terre fort courrou-
ssies. car Ilz ne scauoyent qui estoyt le vaillant et
noble cheualier qui si vaillamment se estoyt porte et auoit eu
lonneur de tant nobles et puissans cheualiers et sesmerueilleret
cõmēt nul ne lauoit sceu cognoistre et quāt Ilz furent chescun
en leurs pais Ilz le louerent grandement et ne scauoyent que di
re sinon du cheualier des clefz. Apres que ce bruit fut passe pi
erre alla vers maguelonne. car longuement ne pouoyent estre
lung sans laultre. Et quant Ilz furent ensemble fort soua ma-
guelonne pierre des vaillancez quil auoit fait en cheualerie.
Et pierre disoit que elle et sa beaulte luy auoit fait faire les
vaillances quilauoit fait et que delle venoyent tous les hon-
neurs et non pas de luy. Quant Ilz eurent asses parle pour fi-
ner: pierre luy dit, noble maguelonne ma chrere douslce amour
vous scaues bien que Jay este grant temps que pour lamour
de vous Je nay veu mon pere ne ma mere pourquoy ma mie ainsy
cõme vous estes cause de mon demeure Je vous prie que Il vous

c

plaise estre cõtente de moy retour et de v̄stregrace me donneres congie et licence sil v̄ous plaist de les aller voir, car Je suis seur quilz ont grant doleur pour moy et Jen fais conscience. Tout cecy disoit pierre pour veoir la contenance de maguelonne. Et quãt elle eut entendu le parler de pierre: les larmes luy vindrent es yeulx et cururent par sa doulce face et sa couleur devint palle et en souspirant et plorant dist. Certes mon amy pierre ce que v̄ous dictes est bien raisonnable, car cest humaine chose que le filz soit subgect au pere et a la mere et qil se garde de leur mesprendre en toutes manieres. mais forte est la chose dont me semble que v̄ous voules despartir de v̄ostre loyale amye laquelle sans v̄ous ne peut avoir bien ne repos en ce mõde. et v̄ous asseure se v̄ous partes de moy que en brief v̄ous aures nouuelles de ma mort, et que pour lamour de v̄ous sera finie maguelonne. Pourquoy mon treschier seigneur v̄ous prie q̃ ne me celles v̄ostre despartement car Jncõtinent ferés party Je me metteray au chemin et seur suis q̃ ne seray pas long tẽps sans estre morte et en feres cause v̄ostre tresdoulce personne. Je v̄ous prie q̃ allons ensembl̃e

Cõment maguelonne parloit sy piteusement a son amy pierre

ET quant pierre ouyt si piteusement parler mague-
lonne a peu q̃ le cueur ne luy faillit. et disoit en ceste
maniere. Ha maguelõne ma chere amie ne ploures
plus et ne vous donnes melancolie car Jay delibere de ne partir
Jamais de ce pais que naye veu la fin de nostre aduenture et ay
merope plustost mourir que de vous laisser et si voules venir
auecques moy ne vous doubtez. car en toute honnestete vous
emmeneray et garderay les Juremens que aultreffops vous
ayes faits. Et lors quant maguelonne entendit la bonne vou-
lente de pierre fust bien Joyeuse et dist. Mon gentil seigneur
et amy puis quil est ainsy comme vous dictes Je conseille que
nous nous en allons de brief et le plus secretement que nous
pourrons pour deux raisons. La premiere car Jay grant doubte
que vous soyes ennuye dactendre tant longuemẽt et ay paour q̃
en la fin nen soyes desplaisant et vous en Ires et me laisseres.
Laultre sy est que mon pere me veult marier et scay bien quil
me feroit plus tost mourir que Jamays me fist consentir a

c ii

marier a aultre que a vous. Et pource mon tresdoulx amy Je vous prie que vous y mettez remede le plus brief que vous pourres et que nous en allons ensemble. car Jcy Jamais ne pourrions acomplir nostre desir. et certes Jay mis en mon cueur que Jamais ne vous laisseray et aussy vous aves dit que vous me garderes en toute honnestete Jusques a nostre mariage. Et adoncques pierre de rechief sur les sainctes euangilles luy Jura et luy promist. et entreprindrent que le tiers Jour apres le premier somme de nuyt deuoit estre leur partement: et pierre deuoit estre tout prest de venir auecques ses cheuaulx a la petite porte du Jardin de maguelonne. et maguelonne le deuoit actendre. et luy pria quil eut de bons cheuaulx et legiers qui alassent fort affin que plus tost peussent saillir du pais de son pere disant ainsy. Incontinent que Jl sen aduisera: croyes que Jl nous fera suyure et se par aduenture estions pris Je auroye doubte quil ne nous fist mourir. ainsi print congie le noble pierre de la belle maguelonne et luy pria quelle fust toute preste au Jour et au lieu assigne. Et de cestuy conseil ne scauoit riens la nourrisse de maguelonne car elle ny estoit pas et aussy ne vouloit pas maguelonne quelle y fust. car bien pensoit quelle luy destourneroit son propos et pource luy tint secret. Et adoncques pierre se partit et sen ala en son logis pour faire prouision de troys cheuaulx qui luy sembleroyent a son aduis estre bien legiers pour cheuaucher et les fist bien ferrer et mettre a point.

¶ Comment pierre emmena la belle dame maguelonne.

Quant vint la nuyt ordonnee sur le premier somme pierre vint a la porte du Jardin auecques ses troys cheuaulx: Et lung estoit charge de pain et de vin et daultres viandes pour deux Jours affin quilz nalassent querir des viandes des hosteliers et trouua la belle maguelonne toute seule laquelle auoit prins or et dargent ce que luy sembloit de bon. et monta sur vne haquenee dangleterre qui estoit moult bien et pris pierre monta sur son cheual qui estoit bien legier pour cheuaulcher prestement toute la nuyt sans descendre Jusques au Jour. ¶ Et quant vint le Jour pierre se mist en vng boys bien espes devers la mer affin quilz ne fussent veuz de nulli

et quoy ne peut ouoir nouuelles deulx.et quant Ilz furent bien
profond dedans le boys pierre descendit maguelonne de dessus
son cheual a terre et laissa aller les cheuaulx es champs et leur
osta les brides affin quilz peussent menger.et luy et maguelon
ne sen allerent seoir sur la belle herbe a lombre et Illecques com
mencerent a parler doulcement de leurs aduentures et prierent
tous deux dieu de bon cueur qil les voulsist garder et mener a la
fin de leur bon propos.et ainsy quilz eurent beaucop parle ma
guelonne estoit lasse et trauaillee de cheuaucher toute la nuyt et
nauoit oncques dormi et auoit grāt sōmeil et grant talēt de dor
mir et mist sa teste dedās le giron de pierre et cōmēca a dormir.
¶ Cōment la nourisse vint en la chābre de maguelōne la cui
dant trouuer cōme elle auoit acoustumé pour la seruir le matin

LE matin quant Il fut grant Jour la nourisse vint a
la chambre de maguelonne et attendit la grant piec
ce.car elle cuidoit quelle dormist et en la fin quant
elle vit que leure passoit se pensoit que elle fust malade sy vint
au lict et ne la trouua point. Mais le lict seul tout faict et ny

auoit signe que aulcun y eust dormi Incontinent pensa que elle et pierre sen estoyent allez sy ala veoir au logis de pierre si ly estoit et ne le trouua point. Adonc la nourrisse commenca a faire le plus grant dueil du monde. apres sen ala en la chambre de la royne et luy dit quelle n auoit point trouue maguelonne en sa chambre et nescauoit ou elle estoit. Et la royne entendit la nourrisse et en fut fort esbahye et courroucee sy la fist cercher par tout tant que les nouuelles en vindrent au roy et allerent dire que le cheualier des clefz ne se trouuoit point et lors dit le roy que sans nulle faulte Il sen auoit menee. Et tantost le roy commanda que tous se armassent et quilz les alassent cercher et quon luy amenast le cheualier des clefz tout vifz car Il vouloit faire telle Justice que par tout le monde sen parleroit Quant ces cheualiers entendirent le mandement du roy Ilz sen alerent armer et sen alerent les ungz dune part et les aultres daultre pour les cercher: et le roy et la royne demourerent tous desolez et la court fut toute troublee especialement la royne qui se cuidoit desesperer et tant crioit et plouroit et puis le roy enuoya querir la nourrisse et luy dit: nourrisse Il ne se peut pas faire que tu ne scaches trestout cestuy faict mieulx que personne qui soit. Et la pouure nourrisse a genoulx plourant disoit. Sire se vostre tres haulte mageste peut trouuer que Je en soye consentant de cestuy faict Je suis contente de mourir de la plus cruelle mort que vostre court saura deuiser. car Incontinent que lay sceu Je lay dit a madame la royne. et le roy sen entra en sa chambre et de tout cestuy Jour ne but ne mengea. Grant pitie aussy estoit a veoir la douleur de la royne et des aultres dames et damoiselles et de ceulx de lostel. Et par toute la cite de naples les cheualiers sy alerent cercher dung coste et daultre ou Ilz pourroyent ouyr nouuelles. mais Ilz ne peurent ouyr aulcune chose. Et les ungz tournoyent au bout de dix Jours et les aultres de quinze sans riens trouuer dont le roy fut plus courrouce. Or laissons a parler du roy et retournons a maguelonne laquelle estoit au boys dormant.

¶ Coment maguelone se dormoit au giron de son amy pierre et comment Il prenoit plaisir a regarder sa beaulte dont en la fin fut courroucee comme cy apres orrez.

Ormant maguelenne ou giron de pierre comme desſus eſt dit le gentil pierre delectoit tout ſon cueur a aduiſer la merueilleuſe beaulte de ſa dame. Et quant Il auoit contemple ſon plaiſant et beau viſage et aduiſe celle doulce petite bouche et vermeille Il ne ſe ſcauoit ſaouler de la regarder de plus en plus auſſy Il ne ſe pouuoyt tenir de la deſpoytriner et regarder et aduiſer ſa tres belle poytrine q eſtoyt plus blanche que criſtal a la voir et taſtoyt ſes doulces mamelles. et en ce faiſant eſtoyt tout rauy damours qſ luy ſembloyt quil fuſt en paradis et que Iamais choſe ne luy pouuoit nuyre ne deffortune ne luy deuoit aduenir. mais celle plaiſãce ne luy dura gueres par lors. car Il ſouffroit la plus Ineſtimable douleur et peine comme vous orres que Iamais on peut conſiderer et la doulce maguelonne nen fut pas quicte. car apres eut aſſes a ſouffrir. Donc quant pierre regardoit et taſtoyt ainſy la belle maguelonne; Il trouua vng ſendal rouge qui eſtoyt ploye et pierre eut grant talant de ſcauoir que ceſtoyt dedans ploye

c iiii

et commença a desployer cestuy sendal et dedans Il trouua les
troys anneaulx de sa mere lesquelz Il luy auoit donnez et elle
les gardoyt de bon amour. Et quant pierre les eut veuz Ilz les
ploya et les mist Illecques pres de luy sur vne pierre et tourna
sur les yeulx a regarder la non pareille beaulte de maguelonne
et sur toutes choses du monde luy plaisoyt. Et Illecques Il
estoyt quasy tout transy d'amours et de plaisir tellement quil
luy sembloyt quil estoyt en paradis. mais nostre seigneur mon-
stra que en cestuy monde n'a plaisir sans douleur ne felicite
parfaicte sy transmist vng oyseau viuant en rapine cuydant
en soy que ce sendal fust vne piece de chair sy vint vollant et
print le dict sendal et sen alla a tout.
¶ Comment pierre commença a suyure loyseau et getter de
pierres tellement quil luy fist laisser.

Quant pierre vit ce Il fut courrouce en soy pensant
que maguelonne en seroyt desplaisante a laquelle Il
vouloit mieulx complaire que a personne du monde

Il mist son manteau soubz la teste de la belle maguelonne, et se leua tout bellement sans ce q̄ maguelōne en ouyst ne en sceust riens et commenca a suyure cestuy oyseau moult asprement et luy gecter des pierres tant quil luy fist laisser ce quil auoit dedans la mer. et la auoit vne petite roche bien pres de terre, tou tesfoys entre la terre et la roche auoit grant foison deaue et nul ne pouoyt passer sans nouer. Et cestuy oyseau sen ala pouser sur ceste roche et pierre luy gecta vne pierre tant que loyseau sen ala et laissa Illec ques tumber dedans la mer ce sādal: et pierre ne scauoit passer. car Il ne scauoit pas nouer. nonobstant ǭl ny auoyt pas grāde espace et commenca a cercher de ca et de la sil pourroit riens trouuer en quoy Il peust passer pour aller Jus ques au roch pour le querir. mais dit pierre. pleust a dieu que neussiez touge les aultres anneaulx ne le sandal de la ou vous les printes vous neussiez plus cure de eulx. car Ilz vous seront chiers vendus: et plus aussy a maguelonne et sy demoures grant temps a retourner maguelonne vous cerchera et ainsy pierre cerchoyt par la riue de la mer et trouua vne petite barque vielle que les pescheurs auoyent laissee pourtant quelle ne va loit riens et pierre se bouta dedans ce en fut bien Joyeup. mais peu luy dura sa Joyeusete et print de bastons quauoit cueillis et ala devers la roche. mais dieu qui fait toutes les choses a son plaisir fit leuer vng moult grant vent froit et fort deuers la terre qui transporta pierre oultre sa voulente et sa barque fut dedans la mer en peu deure. et le trauailler que pierre fai soit sur la mer et sur la barque ne valoyt riens. car la mer estoyt hāulte et profōde et ne pouuoit aduenir a la terre ǭ le vent le transportoit voulsit ou nō. et quant Il vit quil sesloinnoit de la terre sans ce quil y eust aulcun remede. et considerant quil estoit en tresgrant peril de mort et aussy quil laissoit la belle ma guelōne quil aymoit mieulx q̄ soy mesmes toute seulle au boys dormant. et pensoit quelle mourroit de masse mort desespere de tout secours. de tout conseil. et de toute aix: sy fut en propos de soy gecter en la mer. car son noble cueur ne pouloyt plus souf frir le grant dueil quil auoyt. toutesfoys cestuy qui essaye les personnes par grandes aduersitez et tribulatiōs en cestuy monde et les veult gaigner paciēce ne vouloit pas quil perdist ainsi ses corps et lame. Mais comme Il estoit vray catholique Incōtinēt sen ala reprendre et sen retourna aux armes de vraye confiance cest ascauoir a dieu & a la glorieuse vierge marie et cōmēca a dire en soymesmes. maluais que Je suis pourquoy me veulx Je tuer qui suis Ja sy pres de la mort qui a moy court et assault pour me prendre et ne fault Ja que Je la cerest. O glorieulx dieu tout puissant. O glorieuse vierge marie vueilles moy pardonner mes faultes et mes pechiez. car contre vous seigneur dieu Jay tresgrandemēt mespris:peche et offence et tellemēt que Je suis digne de souffrir ceste dure mort et cēt foys plus angoisseuse. Aussy mon dieu Je suis content de la souffrir et de ne plus viure en ce monde et la souffreroye encores de meilleur cueur se Je scauoye que ma loyalle amye et espouse ne souffrit douleur ne mal. mais ce ne peut estre. hee doulce magueloñne noble fille de roy commēt souffrira et endurera tāt vostre delicieuse: courtoise et annable personne de vous trouuer ainsy demouree seulette sans estre acompaignee en celluy boys. Helas ne suis Je pas bien faulx & desloyal de vous ainsy auoir gettee hors de lostel de vostre pere et mere ou vous esties tenue tant richement. las ma noble dame et espouse or suis Je mort. car Jamais eschapper ne pourroye de ce peril pourquoy a moy est petite chose et vous estes morte parquoy est grant dommaige. car vrayement vous estes la plus belle du monde. O glorieuse vierge marie treshumblement a vous la recommande que la vueilles garder de mal et de deshonneur Dame vous sauces que en nostre amour na eu voulente deshordonnee ne deshouneste Pource plaise vous tresnoble vierge et digne ainsy cōme elle auoit noble propos et voulēte vous dame que estes necte et pure plus que creature que Jamais nostre seigneur crea luy secourir et aider qlle ne puisse perir cōme ville creature et que mon ame viengne a saluation par vostre pitie et misericorde. O tresdoulce magueloñe Jamais ne me verres ne moy vous. nostre amour et nostre mariage a bien peu dure: que pleust a dieu et a la glorieuse vierge marie que Je fusse mort passe a deux Jours et que vous fussies maintenant a lostel de vostre pere. Et ainsy lamentoit et plouroit le noble pierre plaignant et doubtant plus le peril de la doulce maguelonne que sa propre mort. Et estoit assis au millieu de la barque et actendit que la mer le print. car la barque aloit sans gouuernement ou les ondes la portoyent et sy auoit asses eaue dedans tant quil estoit tout mouille Et en cestuy peril demoura pierre depuis le matin Jusqs a midy puis vint vne nauire de mores coursaires qui virent ce Jeune cheualier qui aloyt tout seul a labandon en celle barque sy le alerent prendre et le bouterent en leur nef. mais pierre de douleur estoyt demy mort et a peine se cognoissoyt ne scauoit ou Il estoyt.

Quant le patron le vit sy beau et sy richement habille Il en eut grant Joye et pensa quil en feroit presente au soudan: sy nagerent tant par leurs Journees quilz arriuerent en alipandrie et sy tost quilz y furent le patron le presenta au soudan. Et quant le soudan le vit sy bel Il en eut grant Joye. et en mercia le patron. Pierre portoit tousiours la cheine au col que maguelonne luy auoit baillee. et pource sembloit au soudan quil estoyt de noblesse descendu sy luy fist demander par vng truchemant sil scauoit serui en salle. et Il dist q ouy et le soudan luy fist apredre la maniere. Et le voulc pierre le faisoit mieulx au plaisir du soudan que ceulx q le seruoyent. Et nostre seigneur Jhesuchrist luy donna cueur et voulete daimer celluy Jeune cheualier pierre. Et tant laimoyt le soudan comme sil eust este son propre filz. Et pierre ny eust pas este vng an entier que par son noble et subtil engin Il sceut parler le more et le grec et estoyt tant voulx et amiable a tous: que tous laimoyent autant comme sil eust este leur propre filz ou leur frere. et estoyt pierre gentil en toutes abilites ne en force nauoit son pareil en la court du soudan pource la moyent Ilz encores plus fort et tant que tout ce qui se faisoit en la court du soudan ne se faisoit sinon par luy et tous ceulx qui auoyent a besongner au soudan venoyent a pierre et par son moyen obtenoyet ce qlz demadoyet: en cestuy honneur estoit le noble pierre en la court du soudan. mais Jamais ne se pouoyt esiouyr mais cotinuellemet auoit le cueur doulet en pesant a sa doulce amye maguelone a a quelle fin pouuoit elle estre

deuenue et quil eust mieulx voulu quil fut noye en la mer. car
au moins ses douleurs fussnet finees. Ainsy pensoit en sa tri-
ste vie. pierre entre les gens de morez sans faire nul semblant.
nonobstant que son cueur fust tousiours a dieu et a la saincte
foy catholique dont souuent prioyt dieu en plorant que puis quil
lauoit fait eschapper du peril de mer que Il luy laissast prendre
denotement le sacrement de mariage auant quil mourust. et plu
sieurs aulmosnes faisoit aux poures de Jhuchrist pour lamour
de maguelonne affin que dieu luy aydast. Or laissons a parler
du noble chualier pierre. car bien nous y tournerons.

Coment maguelone dormit sur le mateau de pierre son loyal
amy ꝯdás le boys ꝯ coment quant elle se refueilla se trouua seule

Quant maguelone eut dormy a son plaisir qui auoit
fort trauaille et selle selon sa coustume elle seueilla
et pensoit estre pres de son doulx amy pierre ꝯ cuidoit
tenir sa teste en son giron et elle se leua tout seant et dist. mon
doulx amy Jay fort dormy et croy que Je vous ay fort ennuye.
Et elle regardant enuiron delle elle ne vit riens. Et elle

se lieue d'ilecques et fut toute esbahye et commença a sonner
pierre a haulte voix parmy le boys. et nully ne luy respondit ri
ens quant elle vit quelle ne l'ouoyt point en lieu a peu quelle ne
saillit hors de son sens.et commença bien fort a plourer et aler
parmy le boys criant son amy pierre tant fort q'lle pouoit crier
quant elle eut beaucop crie et cerche elle deuint toute enrouee a
force de crier. et comença a forcener et luy vint tant grant dou
leur en sa teste: et en son cueur: quelle cuida mourir et tumba a
terre toute pasmee comme se elle fust morte ou elle demoura une
grant piece· Et apres quant elle fut reuenue elle sassist et
commença a faire le plus piteux plains que iamais homme
ouyt et visoit. Hee mon amy pierre ma mour et mon esperace et
ou vous ay Je perdu Pourquoy mon desire vous estes vous se
parez de vostre loyale copaignie et Ja vous scaues q̃ sans vous
Je puuoye bien viure en lostel de mon pere ou Jauoye tous les
plaisirs du mox. Helas coment pouues vous penser q̃ Je puis
se viure en cestuy desert et fauluaige. Helas mon gentil sei-
gneur en quel erreur vous estes vous mis de moy ainsy laisser
seulette en cestuy boucaige ou quel Je mourray de cruelle mort
Helas et q̃ vous ay Je mesfait qua ues tire ma persone de lostel
de mon pere le roy de naples pour me faire mourir de douleur q̃
me mostries sy grant signe damour. Helas mon doulx amy pi
erre auez vous veu en moy chose qui vous ait desplu. certes sy Je
me suis trop declaree a vous Je lay fait pour lamour de vous. car
Jamais homme ne me entra sy fort en mon cueur comme vous
esties. Hee noble pierre ou est vostre noblesse. ou est vostre noble
cueur: ou sont les sermes et les promesses de vous Certes vous
estes le plus cruel home qui iamais naquist de mere. Nonob-
stant que mon cueur ne peut nul mal dire de vous (H)elas que
pourray Je plus faire pour vous. certes vous estes le second Ja
son et Je suis la seconde mere. Et ainsy come desesperee alloyt
parmy les boys cerchant pierre. Et vint au lieu ou estoyent les
cheuaulx. et quant elle les vit tous troys elle commença a re
nouueler ses plains et dist Certes m̃ y doulx amy pierre vous
ne vous en estes point alle de vostre voulente Or en suis Je bien
seure Helas mon feal amant et Je mauluaise vous ay tant blaf
me dont mon cueur est doulant Jusques a la mort et quelle peut

estre beste adueuture qui nous a ainsi separez.et se vous estes
mort pourquoy ne suis Je morte auecqs vous. Certes Jamais
a poure fille naiuīt sy grāde tristesse ne dōmaige ne maul
uaise desfortune. Ha a fortune tu ne commencees pas main
tenant de poursuiure les bons et les loyaulx: et plus haultes per
sonnes sont: et plus tu te combas a elles. He glorieuse vierge
marie qui estes lumiere de consolacion et des desolez vous: plai
se de donner a ceste poure et vray pucelle aulcun confort. et
garde moy dame mon sens et mon entendement que ne perde
mon corps et mon ame. laissies moy pour douleur veoir deuant
que Je meure mon seigneur et mon mary Helas se peusse sca-
uoir ou Il est et fust Il au bout du monde Je le suiuroye. Sans
faulte Je croy que ceste tribulacion nous a donne le maulaais
esperit pource que nostre amour na pas este deshonnee ne cor
rumpue et nauons voulu consentir a ses maulaaises tempta
cions. Et Je croy que pour cecy sen a emporte en quelque estrā
ge pais pour oster son plaisir et le mi en. Et semblables pa-
rolles disoit la belle maguelonne en soy complaignant de sa des
fortune et de son amy pierre. et puis aloit et venoit dung coste
et daultre par le bois tōme fēm̄e desolee et escouftoit se elle pour
roit riens ouyr pres ne loing. et puis mōta sur les arbres pour
scauoir selle pourroit riens entendre. et ne veoit riens du monde
sinon les bois du port qui estoyent bien ramez et bien espēs et
daultre part veoit la mer qui estoit longue et profonde Ainsy
demoura la poure maguelonne toute dolente tout celluy Jour
sans boire et sans menger. Et quāt vint celle nupt elle chercha
vng gros arbre sur quoy a grāt peine mōta et Illecqs demoura
toute la nupt et ne reposa ne dormit pource que les bestes saul
uaiges ne la deuourassent. mais vne fois pensoit que pou. . o. t
estre deuenu son doulx amy pierre et puis pensoit quelle pourroit
faire ne ou aler: car bien proposoit en son cueur que Jamais
ne retourneroit a lostel de son pere selle sen pouuoit garder nulle
ment du monde. car elle craignoit la fureur de son pere et de sa
mere et conclut en soy daller tercher son doulx et loyal amy pi
erre par le monde.
(Cōment maguelonne descendit de dessus larbre et vint au
lieu la ou estoyent les cheuaulx encores liez et elle les deslia.

QUant vint le jour elle descendit de dessus larbre et
vint au lieu la ou estoyent les chruaulx qui esperoyent
encores elle: et elle les deslia en plourant et en disant
Ahe comme Je pense que nostre seigneur est wroulx et pour
moy va errant par le monde. ainsi fault Je que vous en alles
courant le monde et la ou vous vouldres. et sur leur les brides et
les laissa aller et courir parmy les boys la ou Jls sen yroyent
aller. Et apres se mist a cheminer par le boys tant quelle trou
ua le grant chemin qui aloit a romme. Et quant elle se vit au
chemin elle se trouua prestement dedans le boys et cerca vng
lieu qui estoyt hault et rame dedans les arbres et se bouta de
dans. et dilecques voit les alans et les knais et nul luy ne la
puoet voir. Elle demourant en ceste maniere dedans le boys el
le vit venir vne pelerine et la fourti e la pelerine vint a elle et
luy demanda quil luy ploisoit. Et elle dist et pria a la pelerine
quelle luy donnast sa robe et ses abillemens et quelle print les
siens. et la pelerine ne pensoit pas que nulle personne fusse ce
fussie au loges et pensoit quelle se truffast delle et luy dist. Aha

dame se vous estes bien vestue et ournee ne vous veues point truffer des poures de Jhesuchrist. car Icelle robe vous pare le corps et ceste mienne me seruira a la mese dieu plaist. maguelonne luy dist ma chere seur Je vous prie que ne le tenez a desplaisir. car Je le dis de bon cueur et de bonne voulente et plaise vous que nous changons de robes. Quant la pelerine vit quelle le disoit de bon cueur: se print a despouler et luy donna la sienne Ainsy se ourna maguelonne des vestemens de la pelerine que a peine luy veoit on riens du visaige et ce qui se veoit souilla de sa saliue auecques de la terre.

¶ Comment maguelonne vint a romme auecques cest abillement et comment elle sen vint faire sa deuocion par deuant lautel de monseigneur sainct pierre a romme.

Auec cest abillement se mist maguelonne au chemin droit a romme et tant asa par ses Journees quelle vint a romme et Incontinent quelle y fut arriuee sen alla a leglise de sainct pierre et Illecques deuant lostel maieur elle se mista genoulx en plourant et souspirant et commenca a faire son oraisõ en ceste maniere. Ha glorieulx dieu nostreseigneur Jhesucrist qui par vostre pitie mauez constitue en grant plaisir. et aussi vous qui mauez acompaigne auecques le plus noble cheualier du monde lequel Jaymoye mieulx que tous les aultres. et maintenant a la vostre Incomparable puissance a pleu que soyons separez lung de lautre. Par auenture seigneur dieu cest par nostre peche car nous sommes tous pecheurs Touteffois seigneur dieu Jl me semble q̃ ne le me deuiez point donner pour le moy oster si villainement. Pourquoy Je vous prie et suplie tant humblement et affectueusement vostre humanite. par laquelle sire dieu estes semblable a nous sans nul peche. Et par la vostre clemence pitie et misericorde quil vous veigne a gre. et que ce soit vostre plaisir et volente sil est possible me rendre mon bon cheualier et amy pierre auquel par vostre grace et doulceur Jestoye noblement mariee. Helas doulce vierge marie mere de dieu qui sur toutes les femmes auez merite dauoir ce doulx nom vierge et mere. qui estes conseillere des desolez plaise vous conseiller ceste pouure pucelle. Je me retourne a vous de bon cueur et de bonne volente que Je ne voise ainsi perdue et desolee par le monde. Ha mõseigneur saint pierre qui auez este lieutenãt de Jhūcrist en terre plaise vous garder et deffendre de tout mal mon tresdoulx et loyal amy pierre que pour lamour de vostre signe et vostre nom en tous ses faitz vous a premier eu en hõneur et deuocion. Et sil est vif mettez le en chemin quil puisse venir a moy et moy a luy et que nous puissons en paix acheuer le demourant de nostre vie en loyal mariage. et que nous ne aillons ainsi esperduz luy ⁊ moy par le monde et nostre amour ne se perde ainsi villainement. Et vueillez prier dieu nostreseigneur par vostre benignite pour nous. Et quant elle eut finee son oraison elle se leua et voulut aler en son logis. et quant elle fut leuee elle vit entrer son oncle dedans lesglise celuy qui estoit frere de sa mere en grãt honneur et cõpaignie de gens qui la cerchoyent dont elle fut moult esbaye⁊eut paour. mais Jlz neñ tindrent cõpte car Jl ny auoit celuy qui la sceust cognoistre auec ses habillemens. Et comme pelerine sen ala en lospital ou elle demoura quinze Jours cõme pouure pelerine. et chun Jour sen aloit a lesglise de saint pierre

faire son oraison en grât pleur et en grât douleur de couraige
que nostre seigneur luy voulsist rédre son amy pierre. Et estât
Illec luy vint une volênte d'aler ou pays de prouëce pensât que
par auêture auroit pluftost nouuelles de celluy q tant defiroit q
culsire part. et de fait se mist a chemin et chemina tât qlle arri
ua en la cite de gênes. et quât elle fut a gênes elle sen ala infor
mer du chemin de prouêce lequel estoit le plus brief. et luy fut dit
qlle iroit par mer plus brief et plus seurement. et ainsi qlle aloit
au port elle trouua une barque prste de partir laqlle aloit en ai
gues mortes. et elle fit marche auec le patron & se mist dedâs
et tant nagerent par leurs Journees q de dans peu de temps prin-
drent port en aigues mortes. et ung Jour elle aloit par la ville
comme une pouure pelerine. et une bône dame lappella et la mist
en son hoftel pour lamour de dieu. et celluy Jour beurêt et mêge
rent ensemble. et fort Interrogoit celle dame maguelône de ses
pelerinages. Adoncq elle respondit qlle venoit de pelerinage de
rome. Et la doulce maguelône la Interroga des côditiôs de cel
luy pays. et se les estrâgiers y pouoyêt aler seurement. Quât la
dame ouyt qlle la Interrogoit du pays elle luy dist. Sachez
pelerine que nous auôs Icy ung seigneur qui est seigneur de ce
pays de prouêce et dicy en arragon. et se nôme le conte de pro-
uence et est grât seigneur et puissât et tient sa terre en grât seu
rete si que Iamais personne nouyt dire qil fist desplaisir a personn
e du monde. car Il fait commander seurete et Justice en son pays
et luy et la côtesse sa fême sont si gracieulx a poures gens que
merueilles. mais Ilz sont courroussez grandement et doulens. auf
si sont tous leurs subgectz. pour le plus noble cheualier de tout
le monde leur filz q est appelle pierre car bien pres de deux ans
a quil se partit deulx pour aler cercher cheualerie et faire faitz
darmes par le monde et depuis nen ouyrêt nouuelles: et se doub
tent quil soit mort ou que qlque grât dômaige luy soit auenu
dont ce seroit grant dômaige. et cômenca a dire les biens les
noblesses et les grandes vertus qui estoyêt en ce Jeune cheuali
er. Quât maguelône ouyt les grâs biens qui estoyêt ou conte
et en la contesse et q pierre ny estoit pas venu: elle cogneut et ap
perceut certainement q pierre ne lauoit point laissee volêntiere-
mêt et q quelq malle auêture les auoit separez. et de compassion

de luy commença a plourer. Et la bonne dame pensoit quelle plouroit de pitie de ce quelle luy auoit dit. dont elle len ayma mieulx et la fit celle nuyt dormir auecques elle.

Coment maguelone se mist sur ung port sarrasin a suir les portes en ung hospital en attendant nouuelles de son amy pierre

Celle nuyt maguelonne se mist ou cueur puis que pierre nestoit Illecques qlle se mestroit en qlque lieu de uot pour seruir dieu en quoy elle pourroit mieulx garder sa virginite attendant quil pleust a dieu quelle peust ouyr aulcunes nouuelles de son amy pierre. car bien pensoit que Illecques en oyroit pluftost nouuelles que en lieu du monde. et comença bien seruir a dieu. Et la bonne dame luy dist que pres dillecques estoit lisle du port sarrasin ou toutes fustes marchandes arriuoyent esquelles senoyent grant multitude de gens malades. Et maguelone ala auiser le lieu lequel luy pleut fort. et de largent quelle auoit fit bastir une petite esglise et ung petit hospital ou elle fit trois lictz et aupres de lospital

fit baſtir vne petite egliſe auec vng autel laquelle elle fit ap
peller ſainct pierre en reuerence de ſon amy pierre. et ſon amye
maguelonne Et quant legliſe et loſpital furent acheuez ma-
guelonne ſe mit en grant deuocion a ſeruir les malades et
faiſoit treſapre vie tant que toutes les gens de liſle et de len-
uiron la tenoyent la ſaincte pelerine et y portoyẽt grandes of-
frendes tant que la fẽme du conte fut en grant deuocion et le
cõte auſſy. Et vng jour ilz vindrẽt viſiter ceſte egliſe et hoſ-
pital et virẽt la maniere de ceſte hoſpitaliere. et viſoyẽt le cõ-
te et la conteſſe que ſans faulte elle deuoit eſtre vne ſaincte per
ſonne. Loſpitaliere comme bien apriſe et cõme celle qui bien
le ſcauoit faire ſen ala preſenter au conte et a la conteſſe et
leur fit honneur et ſe recõmanda a leur grace. Et la conteſſe
print grant plaiſir aux contenãces de loſpitaliere et a ſes pa
rolles et le conte auſſy Touteſfoys la conteſſe la tira a part et
parlerent de beaucop de choſes. tant que la conteſſe luy cõpta
cõment elle eſtoyt doulẽte de ſon filz et ploura fort auec elle
et maguelonne la recõfortoit en doulces parolles non obſtãt
q̃ maguelõne euſt plus grant beſoing deſtre cõfortee. touteſ-
foys la cõteſſe ſe tenoit fort contẽte et apaiſee des parolles q̃
luy auoit dictes loſpitaliere. et luy pria q̃lle la luſt voir ſou-
uẽt pour luy donner allegrãce. car grãt plaiſir auoit prins a
ſes parolles et q̃ toutes les choſes q̃ luy feroyẽt beſoing q̃lle
les demãdaſt a loſtel. et luy pa quelle vouſiſt prier dieu et
ſainct pierre q̃l luy vouſiſt enuoyer q̃lques bõnes nouuelles
de ſon filz et tout ce luy promiſt loſpitaliere et q̃lle le feroit a
ſon plaiſir de bon cueur. et ainſy le conte et la cõteſſe alerẽt a
leur hoſtel et maguelõne demoura en loſpital auec les mala
des faiſant grant penitence.

¶ Cõmẽt les peſcheurs de celle cõtree vng jour prindrẽt vng
beau poiſſon appelle leu. et pour la beaulte le donnerẽt au cõte.

Vng jour aduint que les peſcheurs de celle contree
peſchãs en la mer prindrẽt vng poiſſon appelle leu.
et pour la beaulte de luy ſe donnerent au conte et a la
cõteſſe leſquelz remercierẽt fort les peſcheurs de leur poiſſon.
et ainſy cõme aulcuns de fruiteurs du conte la vouloyẽt en la
cuiſine ilz trouuerẽt ou vẽtre de celluy poiſſon vng ſedal rou-

gé en facon dune petite pelote. Et quant Ilz virent cela vne
des chambrieres le print et le porta a la contesse et luy dist.
Madame nous auons trouue cecy dedans le poisson. Et la
contesse le print et le desploya de sa propre main et trouua les
trois anneaulx quelle auoit donne a son filz pierre quant Il se
partit delle. et quant elle les eut auisez elle les congneut et com
menca a plourer et mener le plus grant dueil du mõde et dist
Helas seigneur dieu or suis Je seure que mon filz est mort.
Et suis Je hors de toute esperance de non Jamais le veoir. O
seigneur dieu quel mal pouoit auoir fait ceste Innocéte creatu
re que les poissons ont mengee. Et quant la contesse crioit ain
si et demenoit grant dueil le conte vint. et quãt Il ouyt la cla
meur que faisoit la contesse Il fut fort esbahy et demanda que
cestoit et entra dedans la chambre de la contesse et la contesse
luy commeca a dire en plourant. Helas helas vne creature
Irraisonnable et sans entendement nous apporte nouuelles
tant tristes de nostre filz pierre que ne pourroit estre au monde
plus. Et luy commenca a racompter cõment Ilz auoyent trou
ue ou ventre du poisson cestuy seu val ouquel estoyent ployez
les trois anneaulx quelle luy auoit donne quant Il sen ala. et
les monstra au conte. et quant le conte les vit Il les congneut
Incontinent et fut moult fort doulent et mist sa teste sur le lict
et ploura bien par lespace de demye heure. Et apres cõme hom
me vertueup et de grant saigesse se leua et sen vint reconforter
la contesse et luy dist en ceste maniere. Sachez noble dame
que cestuy filz nestoit pas nostre, mais estoit de dieu et de sa
grace le nous auoit preste pour nous donner aulcun plaisir.
et maintenant luy a pleu en faire a sa volente comme de sa pro
pre chose. parquoy ne moy ne vous ne nous en douons poit cour
roucer. Pourquoy Je vous prie humblement que ceste douleur
vous cesse et louez nostre seigneur de ce quil vous a enuoie. et se
vous le faictes vous ferez plaisir a dieu et a moy. Et Inconti
nent le conte ala commander quon abatist toute la tapicerie du
palays et que on se fournist tout de draps noirs. et que on fist
entourtiner lostel tout de draps de couleur. et tous ceulp de la
terre firent grant dueil.

d iij

La contesse aulcuns jours apres eut volente de aler visiter leseglise de saint pierre de maguelonne et la saincte hospitaliere et luy compter sa deffortune. et quant elle eut faicte son oraison a monseigneur saint pierre print lospitaliere par la main et sen entrerent dedans loratoire en souspirant. et la contesse luy compta son faict et quelle estoit hors de toute esperance de jamais ne veoir son filz. Quant maguelonne entendit toutes ces parolles elle commenca fort a plourer avecques la contesse et luy dist. Madame je vous pry que se vous avez iceulx anneaulx q̃ les me monstrez sil vous plaist. Et la contesse les luy tira hors et les luy bailla. Et quant maguelonne les vit elle les cogneut bien et apeu que le cueur ne luy partoit de douleur. Touteffois comme vertueuse fille et sage soy confiant en nostre seigneur et en saint pierre luy disoit. Madame vous ne vous devez point desconforter car les choses qui ne sont certaines tousiours les doit on avoir en esperance. et combien que ce soyent les anneaulx que vous donnastes a vostre filz bien peut estre quil les a perduz ou quil les a donnez a quelque aultre personne. Pourquoy madame je vous prie que ne menez plus ceste douleur et ferez grant bien a vous et a monseigneur le conte car vous luy engregiez ses douleurs toutes les fois quil vous voit doulente. mais retournez vous de bon cueur a dieu et le merciez de toutes choses. Et ainsi confortoit la belle maguelonne la contesse le mieulx quelle pouoit nonobstant que sa douleur nestoit pas moindre que celle de la contesse. et avoit bien aussi grant besoing destre reconfortee comme elle. Touteffois la contesse fit de grans dons a lospitaliere affin quelle priast dieu pour lame de son filz sil estoit mort ou sinon qͥl luy envoyast bonnes nouvelles. Et ainsi la contesse sen ala. et maguelonne demoura moult triste et doulente. et se mist a genoulx devant lautel de saint pierre en priant dieu le saulveur de tout le monde quil le voulsist conduyre a saulvement entre ses amys sil estoit vif. et sil estoit mort quil luy pleust avoir pitie et mercy de son ame. Ainsi la belle maguelonne fut longuement en ceste oraison. Or laissons a parler du conte de la contesse et de maguelonne. et retournons a pierre qui estoit en la court du souldan.

Coment pierre de prouāca en la court du souldan long tēps et pour son grāt sens gouuerna le souldan et tout son pays.

Demourant donc pierre en la court du souldan de Babilonne tousiours croissant en la grace de luy autāt que sil eust este son filz car Il nauoit ne bien ne Joie quil neust pierre pres de soy et pierre auoit tousiours son cueur en maguelonne car Il ne sauoit a quelle fin elle estoit deuenue et proposa quil demanderoit congie daler veoir son pere et sa mere. Et vng jour que le souldan faisoit vne grant feste et quil estoit fort Joyeulx donnoit grans dons et faisoit grace a plusieurs gens. pierre se mist a genoulx et luy dist. Sire Jay este longuement a vostre court et de vostre grace mauez octroye de grans dons que vous ay demande pour aultres. et Jamais sire pour moy vostre seruiteur nay riens demande. Pource vous vueil supplier dune chose sil vous plaist la me octroyer. Et quant le souldan vit pierre si hūblement le supplier luy dist. Cher pierre se Jamais te reffusay de chose q̃ me aye prie pense que pour toy pluftost lobtiēdras et de meilleur cueur. pource demande ce que tu vouldras car Il te est octroye.

Pierre fut moult content de la promesse que luy fit le souldan et luy dist. Sire Je vous demande q̃l vous plaise me donner congie daler veoir mon pere et ma mere et mes parēs et amys. car depuis que suis venu en vostre court Ilz neurent de mes nouuelles. Pource plaise vous liberallement contenter de mon partement. car Il sera a moy plaisant et a mes pere et mere. Quant le souldan ouyt la demande de pierre Il fut fort doulent et luy dist. Cher amy que ton partemēt demeure: car tu ne puis aler en lieu ou tu soyes plus aise que auecques moy. et ne trouueras parēs ne amy qui te face plus de biens. car Je te feray le plus grant de ma terre apres moy. et sache seurement que se Jeusse sceu que ce eust este ta demande pas ne la te eusse octroyee. car ton departement me sera fort desplaisant. Touteffois puis q̃l te est octroye Je te donne congie. Se tu ten veulx aler va ten. mais tu me promectras que quant tu auras visite tes parēs et amys tu ten reuiendras a moy, et se tu le fais tu feras q̃ saige. Et pierre luy promist que quant Il auroit visite son pere et sa mere Il retourneroit

Alors fit faire le soudam ung mandement a pierre que par
tout la ou il passeroit en terre de mores que on luy feist autãt
de plaisir et donneur comme a luy propres quoy se pouruoust
de tout ce q̃ luy feroit mestier. Et auec le soudam luy donna
or et argent a grant foison et plusieurs aultres ioyaulx. Et
pierre print congie du soudam. et quant il sen partit chescun
se plaignoit et sen vint en alipandrie. Et quant il y fut il
monstra sa lettre a lad mural du soudam lequel incõtinent fit
grant honneur a pierre et le mena en son hostel qui bien estoit
fourny de richesses et de garnymens. Et la il se pourueut de
tout ce q̃ luy estoyt necessaire. Et le tresor q̃l eut du soudam
il le fit mettre en quatorze barilz et estoyent aux deux boutz
pleins de sel et lor au millieu. Et quãt ilz furent mis a point
pierre trouua par aduenture que au port auoit une nef de pro-
uence laqlle estoit toute preste de partir. et pierre parla auec le
patron et luy dist q̃ sil estoyt son plaisir voulentiers vouldroit
partir auec luy pour s'en venir au pays de prouence. et vouloit porter
quatorze barilz de sel pour donner en ung hospital. Quant il
ouyt la voulente de pierre il respondit quil en estoyt bien con-
tent de le mener. mais des quatorze barilz de sel ne conseilloit
pas que il portast. car quant il seroit es parties de prouence
il en trouueroit assez a bon marche. Et pierre dit au patron
ne vous chaille. car ie vous payeray bien ce qui sera de raison
car iay veu de le porter et relieu la ou bon me semblera. Et
quant le patron ouyt la voulente de pierre il en fut content. et
pierre paya bien le patron de son nolle. et le patrõ dit a pier-
re quil apportast son sel et ses besoignes et q a lault de dieu
vouloyent partir tantost et que se vent se lieueroit. et celle nuyt
eurent bon vent et furent leuer les voiles et vindret arriuer en
une isle appellee sagona et la prindrent draue doulce et le no-
ble pierre estoit las destre en la mer et descendit a terre.

Quant pierre fut a terre il cõmenca a cheminer par
ceste isle. et cõme il cheminoit il trouua ung tas de
fleurs. et pour prendre plaisir se ala seoir ou millieu.
et en trouua une q̃ estoyt plus belle q̃ ses aultres de couleur
et de odeur. et le noble pierre la cueillit et tantost luy vint au
cueur la belle maguelonne. et cõmeca a dire ainsy cõme ceste

fleur trespasse toutes les aultres. Ainsy maguelõne passoit
en trauste les aultres dames. et cõmenca a plourer et mener
grant dueil pensant que pouoit estre deuenue. et estant en cel
luy pensement luy print fain de dormir. et luy dormant se leua
vng bon vent. Et le patron fit crier que lon se recueillist et ad
uisaq̃ pierre ny estoyt pas et Incõtinent lenuoya cercher et ne
le peurẽt trouuer. et sy crierent mais Il dormoit sy fort que mer
ueilles. Et quãt Ilz dirẽt quilz ne le trouuoyẽt pas le patron
regardant quilz auoyent sy bon vent ne voulut pas perdre cel
luy temps. sy fit leuer les voilles et pierre de moura endormy.
Et tant nagerent quilz vindrent au port sarrazin et Illec des
chargerent. et quãt Ilz trouuerẽt les. viiii. barilz sy dirẽt au pa
tron Que ferons nous des barilz du gentil hõme q̃ demoura
en lisse de sagona qui auoit bien page son nose et auoit dit q̃l
les donroie a vng hospital. Alors dirent quil vouldroit mi
eulx que Ilz les donnassent a lospital de saint pierre. et que
mieulx ne les pouoit on mettre. et le patron cõpta a lospitali
ere comme celluy de qui Ilz estoyent estoyt perdu et quelle pri
ast dieu pour son ame.

OR aduint vng jour q̃ ceste hospitaliere eut besoing
de sel sy sen ala et print lung des barilz pour auoir
du sel et y trouua grant somme dor et fut toute es
bahye. sy en print vng aultre et fit cõme au premier et trou
ua sẽblablemẽt. et consideraãt en elle dist. helas pouure hõme
dieu aye en son gouuernemẽt ton ame. car Je sçoys bien que a
moy seulle ne vient pas tribulacion. et puis les dessit tous &
trouua grãt tresor. et Incõtinẽt mist en besoigne massons et
plusieurs aultres ouuriers en leglise & la fit augmẽter de pui
ce. et fit faire vng bẽ hospital et vne belle eglise laq̃lle conti
nuellemẽt faisoit bien huit de diuis huices tãt q̃ toutes gẽs
du pais y cõmecerẽt a venir et y apportoyẽt grãdes aulmones
et se esbaissoyẽt cõmẽt elle pouoit faire sy suptueux edifice.

¶ Comment le conte et la comtesse vindrent visiter leglise

DOnc le conte et la cõtesse vindrẽt visiter leglise
en grant deuocion et ouyrent la messe. puis allerẽt
parler a lospitaliere. et la noble maguelõne tãt q̃lle
puoit les confortoit disant quilz ne deuoyent riens doubter

des faictz de dieu et que encores se pouoyent resiouir de leur filz et ainsi au mieulx quelle pouoit les reconfortoit la belle maguelonne. nonobstant quelle auoit meilleur besoing destre reconfortee. car Ilz nauoyent sinon vne douleur sauoir perdu leur filz laquelle chose est humaine. et maguelone auoit perdu son royaulme duquel estoit hors de toute esperance. et auoit perdu lamour de son pere. Item elle estoit fille de si noble roy et auoit perdu son amy pierre. et auoit toutes ces grandes douleurs. et quant elle eut seruy le conte et la contesse Ilz sen retournerent.

¶ Or laissons a parler du conte et de la contesse et retournons a pierre qui est dormant en lisle.

¶ Comment pierre demoura endormy en lisle pour la pensee quil eut de maguelonne.

Pierre demoura endormy vne grant piece et quant Il se esueilla et vit quil estoit nuyt Il fut fort esbahy & se leua de bout pstmēt et puis sen vint par deuers la marine en icelle partie ou Il auoit laisse la nef. Et quāt Il ne vit riens Il pensa q̄ lobscurte de la nuit luy tollist la veue de la nef. &c

menca fort a crier et perſonne ne luy reſpondit. Lors Il eut tant
de douleur en ſon cueur que Il tumba a terre comme mort et perdit
ſa memoire. et puis ſe aſſiſt en terre et commenca a plourer
et diſoit en ceſte maniere. O ſeigneur dieu nauray Je Jamais
fine mes Jours. et qui eſt ceſt homme ſi miſerable au monde que
fortune puiſſe pourſuyure ſi cruellement comme moy qui ſuis
tant mal fortune en ce monde. et ne ſouffiſoit Il pas ſeigneur
dieu que tant douloureuſemēt Jeuſſe perdu ma doulce eſpouſe
et puis fortune tant cruelle mauoit mis en ſuiture dung pay
en ennemy de la ſaincte foy catholique lequel ma tenu par force
grant temps. et maintenant que Je cuidoye conforter mon pe-
re et ma mere Je ſuis venu en ce lieu deſert ou Il nya nul confort
humain pourquoy la mort meſt plus neceſſaire que la vie.
Touteſfois ſeigneur dieu puis quil vous plaiſt la me donner
Je ſuis cōtent de la prendre et receuoir. car aumois a celle mort
fineront toutes douleurs et ne me pourſuyurōt plus. Et ainſi
lamētoutz pleignoit pierre Juſqs au Jour qˉ ala par liſle regar
dant ſil pourroit voir neſqˉ ſe miſt hors de la. mais Il ne voit

niers qui luy peust donner secours. Et soy regardant en ceste misere habandonna toute sa vertu comme celuy qui pres de la mort estoit. pensant perfaictemēt en dieu en luy priant qͥl eust pitie ⁊ mercy de son ame. mais dieu permist que en ce lieu vit vne barque de pescheurs pour auoir eaue doulce. Et eulx arriuans a celle Isle trouuerent pierre tout estandu comme mort Lesquelz eurent pitie de pierre et luy donnerent a menger des espices confites et a boire, et de luy le menerent sur vng lit et le couurirent de leurs draps au mieulx quilz peurent. et quant Il fut vng peu reuenu Ilz le mirent dedans leur barque et arriuerent en vne ville quon appelloit trapona. et la le mirent dedans vng hospital et se recommanderent a lospitalicre

Et quānt pierre fut en celluy hospital et eut beu et mange et fut vng peu reuenu Il se print a mettre a point le mieulx quil peut et commenca a aler par la ville affin que plustost fust guery. mais la grant douleur quil auoit dedans son cueur le destourboit. et demoura malade en Icelle ville par lespace de neuf mois et encores nestoit pas guery. Et vng Jour comme Il se aloit esbatre deuers la mer Il vit au port vne nef et les mariniers parloyent le langaige de prouence. et Il leur demanda quant Ilz retournroyent en leur pays. et Ilz luy respōdirent dedans deux Jours. Et pierre dit au patron ⁊ luy pria q pour dieu Il luy pleust le mener au pays de prouence car Il estoit du pays et auoit este longuement malade. Et le patron luy dist que pour lonneur de dieu et pour lamour du pays Il le feroit volentiers mais quil voulsist aler en aigues mortes en lisle du port sarrasin. et pierre en fut bien contēt. et ainsi Il le recueillit en la nef. Vng Jour les cōpaignons de la barque parloyēt de lesglise de saint pierre de maguelonne et de lospital. Quāt pierre ouyt nōmer maguelonne Il fut bien esbahy et demanda quelle esglise cestoit et ou elle estoit situee. Et Ilz luy dirent que cestoit vne bien deuote eglise et quelle estoit en lisle du port sarrasin ou Il y auoit vng moult bel hospital ouquel dieu et mouseigneur saint pierre faisoyent de beaulx miracles. Et nous vous conseillons que vous vous y voues car sans nulle faulte vous y trouuerez tantost remede et guerison de vostre maladie se vous vous y voues de

son cueur Et quant le noble pierre eut ouy parler de ceste sainc-
te eglise Il voua a dieu et a sainct pierre quil ne mouueroyt par
lespace dung moys sans soy faire cognoistre a pere ny a mere
Jusques a tant quil eust sante et guarison de sa maladie et
aussy aulcunes bonnes nouuelles de la belle maguelonne. non
obstant ql pensoit et creoit plus tost quelle fust morte q̃ viue
Tant vauga le patron et ses gens quilz vindrent arriuer seu-
rement au port sarrazin et Illecques descherge̅rent pierre. q̃ut
pierre fut a terre Incontinent sen ala a leglise et Illecques re-
mercia dieu de tout ce quil luy auoit enuoye et quil luy auoit
pleu de le faire venir a sauluement Quant Il eut fait son orai-
son Il se mist comme poure malade a lospital affin dacõplir
son veu et se mist sur vng des lictz de lospital Et quant ma-
guelonne visitoit les malades vit cestuy q̃ estoit venu de nou-
uel et elle le fist leuer et luy laua les piedz et les mains et les
luy baisa. car ainsy faisoit a tous. et puis le fist souper et puis
luy mist des draps blans en son lict et le fist coucher et luy dist
quil demandast tout ce quil luy feroit mestier pour recouurer
sante et guarison. car elle luy aideroit Ainsy faisoit la noble
maguelonne a tous les poures pelerins qui se trouoyent en Icel-
luy lieu duquel elle fut fondateresse.

Pierre soy reposant en celluy hospital pour le grant
seruice et plaisir que luy auoyt fait lospitaliere cõ-
menca forte guerir le q̃l se esmerueilloit de la gran-
de peine que prenoit ceste dame a luy seruir et aup
aultres et disoit en son cueur que sans faulte elle deuoit estre
quelque saincte personne. Vng Jour pierre ayant memoire de sa
doulce et loyalle espouse maguelonne en son cueur commenca
a souspirer disant en ceste maniere O glorieux dieu se par vo-
stre pitie et misericorde me mandies nouuelles de ma doulce
et loyalle ampe maguelonne: trestous les maulx que Jay pas-
ses ne me seroyent riens et sy les porteroye paciemment et legi-
erement. mais sire dieu Jay merite et desseruy den souffrir de
pires. car Jay este cause parquoy elle a laisse son pere et sa me-
re et aussy tout san royaulme et suis encores cause que les be-
stes sauluaiges lont mengie. et deuouree qui estoyt tant belle

et tant noble se vous seigneur dieu ne lauez de vostre grace gar
dee et sy elle est morte plaise vous q̃ Je ne vive plus en ce mõde
car sans elle le demourãt de ma vie sera tout plein de douleurs.
car Jeayme mieulx mourir que vivre. Et en ce disant gecta
grant souspir Et la belle maguelonne ainsy cõme elle visitoit
les aultres malades: quant elle ouyt sy fort souspirer de noble
pierre: vint a luy soy pensant que Jl luy failloyt quelque chose
ou eust quelque grant mal sy luy dit. mon bel amy q̃ auez vous
se vous voules riens sy le dictes. car Jl ne demourra point pour
argent. Et pierre la mercia et dit q̃l ne luy failloit riens. mais
la coustume des malades et desoles est quant Jl leur souuient de
leurs dessortunes de soy plaindre et souspirer et est le plus grãt
allegement que Jly peuuent auoir.

Q uant maguelõne louyt ainsy parler de dessortune
elle se commença tresgracieusement a reconforter et
Jnterroguer en luy demãdant de sa douleur. Et le no
ble pierre la remercia treshumblement et dit: et cõp
ta tout son faict et sans nul nommer. mais disoit ainsy Jl fut

Sung filz dung riche homme lequel ouyant parler dune fille qui
demouroit en ung pays estrage: laissa son pere et sa mere pour
laller veoir.et fortune luy donna que Jl eut lamour dicelle fille
secretement sans ce que nul des amis en sceust riens et lespou
sa et la print pour femme et puis la getta hors de loste de son
pere et de sa mere et la laissa dedans ung boys dormant pour re
couurer ses anneaulx. Et en effect luy compta comment luy estoyt
aduenu Jusques a ce Jour.par lesquelles parolles maguelone
cogneut que celluy estoyt pierre lequel elle auoit tant de foys
desire et se aduisa a sa maniere et cogneut que cestoyt le noble
pierre:et de grant force de Joye elle commença a plourer et ne se
voulut manifester. mais au mieulx quelle peut commenca a par-
ler a luy trescoulcement en disant.

Ouy frere et amy dit maguelone ne vous devez des
conforter. mais vous devez tourner a dieu et a la vier
ge marie et a monseigneur sainct pierre. car sans
nulle faulte se vous le reclames de bon cueur Jl orra
vostre priere et vous retournera vostre loyalle amye et espouse
que vous dictes que vous aymes ainsy de bon cueur loyallement
car croyes que ainsy comme dieu de sa grace et misericorde
vous a voulut garder de mourir en tant de sy tresgrans perilz com
me vous dictes quauez passez ainsy saura Jl garde et ainsy
quil vous a donne de tribulacions ainsy Jl vous donnera plai
sir et Joye parquoy pries le de bon cueur quil luy plaise que ain
sy soit Jl et moy pour lamour de vous Jen feray deuote oraison
de bon cueur.et le noble pierre adonc se leua de pied et la mercia
et maguelone sen ala a leglise et se mist a genoulx deuant
lautel sainct pierre et commença a plourer de grant Joye quelle
auoyt en son cueur en remerciant deuotement dieu de la grace
q Jl luy auoit faict quil luy auoyt pleu q ses oraisons ne ses
biens ne estoyent vains.car Jl lauoit ouye et luy auoit rendu
son amy pierre Et quant elle eut finie son oraison Incontinent
elle se fit faire habillemens royaulx. car elle auoit assez ma-
tiere et elle estoit bien aprise de les scauoir deuiser.car elle les
fit faire tels comme a elle appartenoit et puis elle fit apres
mettre a point sa chambre au mieulx quelle peut. Et quat elle
eut mis tout a point elle sen alla la ou estoyt pierre et luy dist

cii

Mon doulx amy tenés aueques moy, car Je vous ay ordonne
au feu ji lauement pour lauer vous piedz et auffy vous Jambes
qui vous confortera tout et ay bonne fiāce en dieu mon createur
q̃ par son plaisir Il vous tournera a bōne sante de voſtre persōne

Et quant Il fut en sa chambre elle le fist asseoir. et
puis sen entra en son retraict et se abilla de ses abil=
lemens royaulx et se mist les voilles comme elle a=
uoyt acoustume de porter dont on ne luy voit sinon les yeulx
et vng petit du nez et deſſoubz elle auoit ses beaulx cheueulx
qui aloyent Jusques a terre et sen vint a pierre et luy dist.
Gentil cheualier pierre donnes vous Joye mon amy, car ſey
voſtre loyalle femme et amye maguelonne pour laquelle vous
aues tant paſſe de maulx et de tribulaciōs et ne en ay pas moins
paſſe et endure pour lamour de vous. Je suis celle que vous laiſ=
sates toute seule dedans les boys endormie Et vous me tiraſtes
de loſtel a mon pere le roy de naples et a laſqle vous promiſtes
toute honneſtete Jusques a noſtre mariage. Je suis celle q̃ vous
mist ceſſe eſkine dor au col en poſſeſſion de mon corps et de mon
amour Je suis celle a qui vous donnaſtes les troys annculx
qui eſtoyent tant beaulx et tant richés. Et pource mon amy et
seigneur aduises se Je suis celle q̃ vous demandes Et elle gec=
ta ſes voilles de sa teſte a bas et ses blons cheueulx tumberent
Jusques a terre.

Et quant le noble cheualier pierre de prouence Vit sa
dame et amye maguelonne sans voilles Il cogneut
tantost que ceſtoyt sa doulce maguelonne laquelle
Il auoit ſy longuement deſiree. Si se leua Incontinent et com=
menceret a sentrebaiser et ambraſſer tant doulcemēt et de tant
bonne amour que de Joye plouroyent tous deux ensemble et en
ceſte maniere furent vne grant piece. et ne pouuoyent dire mot
lung a laultre de grant Joye que Ilz auoyent. et puis apres se
aſſirent et demanderent lung a laultre de leurs deffortunes.

Ie ne vous sçauroye dire la moitie de la grant Joye
que Ilz auoyent lung de laultre. mais le remectz en
la cogitacion dung cheſcuj. car mieulx se peut penſer
que dire ne eſcripre. touteſſoys Ilz ne se pouuoyent saouler de
baiser et racōpter leurs aduētures. ainſy tout ce Jour Jusqis a

la nuyt ne firent aultre chose que baiser et acoller. nonobstant que maguelõne luy compta comment elle auoit eu les douze barilz dor quil auoit perdus. Et comment elle en auoit despendu vne partie pour edifier Icelle eglise: dont pierre eut grant Joye. Apres quilz eurent communique ensemble ne scauoyent en quelle maniere Ilz le feroyent scauoir au comte et a la comtesse Et lors pierre dist quil auoit seu destre la tout vng moys et encores ne estoyt pas passe le temps. et maguesonne luy dist. Mon doulx seigneur sil vous plaist Je iray a lostel du comte et de la comtesse et feray tant quilz viendront Jcy et Je les ameneray en ceste chambre: et vous et moy nous manifesterons a eulx ainsy comme Il vous plaira soyt faict. Et maguelon ne ordonna que pierre dormist celle nuyt en sa chambre et elle en vne aultre chambre.

Celle nuyt maguesonne de grant Joye et du plaisir quelle auoyt en son cueur desiroyt fort en son cueur quil fust Jour pour aler donner aulcun bon confort au comte et a la comtesse. car bien scauoyt quilz estoyent troublez et desolez et luy greuoyt. car encores y auoyt quatre Jours du moys que pierre auoyt voue de ne soy reueler a pere ny a mere Et sy tost quil fut Jour elle destit ses robes dospitaliere quelle auoit acoustume de porter et sen vint a la chambre ou pierre dormoit: q aussy de Joye nauoit peu dormir toute la nuyt & print congie de luy doulcement. et elle sen alla deuers le comte et la comtesse lesquelz luy firent grant feste. car grandement laimoyent. et Incontinent la print le comte et la cõtesse et la fit seoir empres de luy et la comtesse de laultre part et maguelonne leur dist. Monseigneur et vous madame Je suis venue a vous pour vous reueler vne vision que Jay veu annuyt a celle fin q vous vous confortes et que vous viues en esperance. car Jamais personne ne se doit desfier de dieu. Il mestoit aduis q mõseigneur sainct pierre me tenoit au deuant et tenoit par la main vng beau filz Jeune cheualier. et me disoit cestuy est celluy pour lequel tu pries. monseigneur et madame cest chose que vois dire car Je scay bien que vous estes fort doulens de vostre filz et croyez seurement que deuant peu de temps vous le verres vif et bien Joyeux Pourtant vous prie humblement que faces

e iii

oster les draps de dueil et en faictes remettre quilz soyent de plaisir. Quant le comte et la comtesse ouyrent parler lospitaliere furent moult Joyeulx non obstant que Ilz ne pouuoyent croyre que pierre fust vif. toutesfoys pour lamour delle firent oster les draps noirs et moult prierent lospitaliere de disner. mais son cueur ne se pouuoit souffrir et leur dit quelle auoit affaire aulx besoingnes de son hospital. et print congie de eulx et leur pria que le dimanche apres se niffent a sainct pierre. et Jay esperance que deuant que nous departons nous serons Joyeulx. Et Ilz luy promirent dy aller. et sur ce point sen retourna maguelonne a pierre qui lactendoit en grant affection Et maguelonne luy compta ce quelle auoit dit au comte a la comtesse. et comment Ilz deuoyent venir le dimanche ensuyuant. Puis fist faire maguelonne plusieurs abillemens tant pour soy comme pour son amy pierre.

¶ Comment le comte et la comtesse vindrent en leglise de sainct pierre au Jour assigne.

Quant vint le dimanche le cõte et la comtesse a tout
grant compaignie vindrent a sainct pierre et illec
ouyrent la messe. Et quant le seruice fut faict: lospi
taliere se mist au millieu du comte et de la comtesse et leur dist
qlle vouloit vng petit parler a eulx en sa chãbre et ilz y alleret
voulentiers. Quant ilz furent pres de la chambre lospitaliere
dist. monseigneur et vous madame cognoistres vous bien vo
stre filz se vous le voyes. et ilz dirent que ouy. Et quant ilz en
trerent en la chambre: le noble pierre vit son pere et incõtinent
se mist a genoulx. Quant ilz le virent tous deux: se coururent
embrasser et baiser et ne peurẽt dire mot dune grant piesse. Tã
tost le bruit fut que pierre estoyt venu. et alors tous veissies
dames et cheualiers et toutes manieres de gens faire feste a
pierre. Cependãt que ceste feste duroyt: le comte et la com
tesse et pierre parloyent ensemble et maguelonne entra en vne
chambre et se ala abiller de ses abillemens royaulx. Et puis
toute ainsy abillee elle sen vint la ou estoyent le comte et la cõ
tesse. et quãt le comte et la cõtesse la virent ilz furent esbahis
de quel lieu pouuoyt venir sy belle dame: et pierre se leua q̃ la la
baisier: dequoy tous estoyent esbahis et pierre la print par les
bras et dit. Monseigneur et vous madame ceste est celle par
quoy Je partis de vous et sachies qlle est fille du roy de naples
et adonc ilz lallerent embrasser: et remercierẽt nostreseigneur

¶ Comment le bruit fut par la terre que pierre estoyt venu et
comment ilz firent feste par .viij. Jours.

Le bruit fut par toute la terre que pierre estoyt venu et
quil estoyt en leglise de saincte pierre. La veissies
venir toutes gens tant a cheual que a pied. Les no
bles pour lamour de pierre firent Joustes et tournoymens. Les
communes dancerent et firent esbatemens. car quant le cõte
et la comtesse ouyrẽt les desfortunes dont dieu deliura leur filz
et maguelõne: le cõte print son filz par la main et alerent deuãt
lautel sainct pierre: et la comtesse print maguelonne et alerent
de bon cueur remercier dieu et le glorieux sainct pierre et quant
ilz eurẽt ce fait; le comte dista pierre. Je vueil puis que ainsy
est que ceste noble dame sy a tant fait pour toy q̃ tu lespouses

et pierre dit. Cher pere quant Je la gectay de lostel de son pere
cestoyt ma voulente de lespouser par vostre commandement et
pour honneur de vous et de madame Je suis content devant tous
lespouser. Et ung euesque se mist auant. et la comtesse luy bail
la vng bel annel et riche en quoy pierre espousa la belle mague
lonne. Par tout le pays fut grant feste et dura.xxii. Jours
sans vacquer a aultre chose et disoyent tous que Jamais neus
sent pense que en corps humain dieu eut mis tant de beaulte
comme en maguelonne. Et ainsy en Joyeusete furent.xxii.
Jours auecques tant desbatemens que merueilles. car chescun
pensoit comme Il feroit le mieulx affin dauoir lamour de leur
seigneur et de la belle maguelonne.

¶ Comment le comte et la comtesse apres que la feste fut pas
see trespquirent.x.ans et puis moururent.

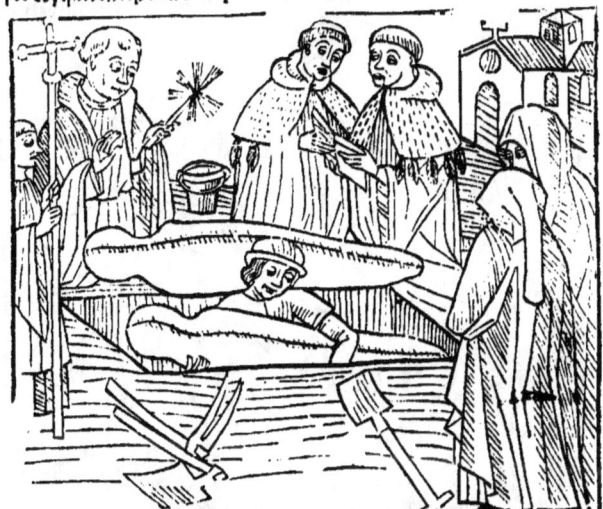

Pres que toute la feste fut passee trespquirent en grant
paix le comte et la comtesse dix ans apres cestuy ma
riage. Et pierre les fit enseuelir moult honourablemēt en le
glise de sainct pierre et puis apres pierre et maguelōne sē cjret

huyt ans Et eurent ung beau filz qui fut vaillant et hardy et depuis comme racompte lhistoyre fut roy de naples et comte de prouence. mais pierre et maguelonne vesqrent en saincte et honeste vie et moururêt sainctes persones, et furêt enseuelis dedãs leglise de sainct pierre. Et encores au jour duy en cestuy lieu ou maguelonne Instituta hospicalite a une tresbelle eglise bien seruie a lonneur de la trinite de paradis et a lonneur du prince des apostres sainct pierre et sainct paul. Ausquelz plaise de nous resiouyr en nous tribulations en cestuy monde. Et en la fin dieu nous face possedẽr la gloire de paradis. Amen.

Cy finist le liure et listoyre de pierre filz du comte de prouence et de la belle maguelõne fille du roy de naples. Imprime a lyon par maistre Guillaume le roy.